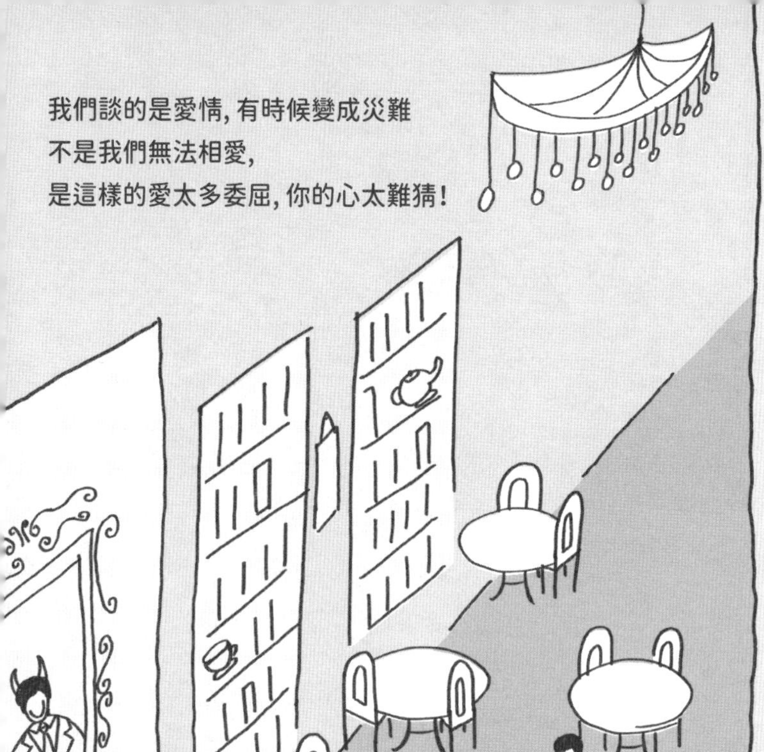

我們談的是愛情，有時候變成災難
不是我們無法相愛，
是這樣的愛太多委屈，你的心太難猜！

我們正相愛！
那些各種令人厭煩的小瞬間，最好別提起

千萬美女作家
戀愛教主
張辰瑜 著

「永遠不要從對方那裡，
證明自己值得被愛！」

contents

作者序
妳看妳的男人好，他就會好。—— 10

issue_01
女人的陷阱題 —— 14

issue_02
男人的「紅粉之亂」—— 19

issue_03
挑男人要看他在床上的態度 —— 24

issue_04
安全感沒有任何人給得了你 Part 1 —— 28

issue_05
安全感沒有任何人給得了你 Part 2 —— 33

issue_06
失戀，是最好的安排 —— 38

issue_07
醒醒吧，少女心症頭！——43
issue_08
男人提分手很難挽回——47
issue_09
宅男們，追女人要用點腦子!!!——51
issue_10
一談起戀愛就發瘋、聽不懂人話——56
issue_11
別傻了！下了床妳真的不是他的誰——60
issue_12
婚前遇到這三種男人，千萬不能將就！——64
issue_13
戀愛潛規則：男生報備行程很重要？——68
issue_14
當男人說：「可不可以讓我靜一靜？」——71
issue_15
穩定交往後的崩壞期——75
issue_16
想要男人疼的必學秘訣——79

issue_17
情侶們注意！破壞感情的六種行為——84

issue_18
上床後，兩人的關係突然終止——89

issue_19
沒有刁難，考驗不出真愛?!——93

issue_20
不要再聽別人說她家男人的好話了！——96

issue_21
當女友說：「誰比較重要？」——99

issue_22
偽單身男人——103

issue_23
看穿男人不跟妳結婚的暗黑心理——107

issue_24
只有「疼」這件事，對方完全無法假裝——111

issue_25
分手不難，不過是轉身離開——115

issue_26
男人愛抱怨：我老婆越來越沒有女人味了！——119

issue_27
男人冷卻太快——123

issue_28
TAG與穩定交往中——128

issue_29
婚前該不該試婚？——135

issue_30 男人劈腿前的戲碼 —— 140

issue_31 媽寶男值得妳這樣被糟蹋嗎？ —— 144

issue_32 男人的約砲 App —— 148

issue_33 沒有不變心的愛情 —— 153

issue_34 男人受不了女人這些事 —— 158

issue_35 床上的事1：女人最討厭「快快男」 —— 163

issue_36 床上的事2：男人看A片是精神出軌？ —— 166

issue_37 床上的事3：床事好膩，該換「配菜」囉 —— 170

issue_38 超殘酷！男人心中的OS —— 175

issue_39 男人、女人，各自冤孽——180
issue_40 每個女人心中都有個超越情人的閨密——185
issue_41 先確定這五件事再結婚——189
issue_42 閃婚後才發現花錢心態差很多——193
issue_43 婚姻需要想像力和粗神經——197
issue_44 失去部分的自己是為了圓滿——204
issue_45 千萬不能嫁，「負分男人」只會拖累妳——209
issue_46 得不到的，沒有比較好！——214
issue_47 夫妻相處的「軟哲學」——217
issue_48 不要變成男人的附屬品——221

issue_49
好隊友V.S.豬隊友——225
issue_50
分辨是不是「真王子」的五個指標——232
issue_51
一屋兩人三餐四季——238
issue_52
換你去老婆家住看看！——242
issue_53
為什麼男人不想和妳溝通？——247
issue_54
「犧牲」哪一邊都後悔——251
issue_55
這種老公的保鮮期還真短！——255
issue_56
正宮霸氣逼退小三——261
issue_57
不要再叫另一半改變了——266
issue_58
男人想要的幸福很簡單——270
issue_59
婚後生活不如想像——274
issue_60
原來離婚也有好的——278
issue_61
我才是那個要陪妳一輩子的人——282

妳看妳的男人好，他就會好。

這本書花了我兩、三年的時間，不斷的重寫、修正，中間有一度卡關讓我反問自己，到底為什麼這麼堅持要出書？我同時要兼顧工作、家庭以及寫作，是很困難的一件事，每天起床都要想辦法養活自己、員工和家庭，還要照顧小孩，真的會讓人崩潰。

出書一直都不是為了賺錢，一直以來我所有的稿費都捐給慈善機構，出書只是為了一種理想和信念，寫稿寫到今年很疲累時，我對自己說：「如果妳連第六本書都無法完成，那麼妳還能完成什麼？」於是，我開始嘗試用完全不同的角度去寫這本書，希望呈現出婚姻、愛情、女人、男人各個不同的問題和困擾，所以這本書很多是我從沒寫過的主題和風格！

十三年前開始寫部落格，那時候我的信念是想要陪伴所有失戀和失意的人走出最難過的時光，我希望帶給大家的是一種小小的力量和啟發，在低潮時看看我寫給你們的文字，或許會有不同的想法和念頭，讓你覺得原來自己並不孤單、真的沒有這麼可憐。

在很多人看來，我的家庭很幸福，因為我的老公是好男人。事實上，根本沒有所謂的好男人，**妳看妳的男人好，他就會好；妳認定妳的男人很差，他就是個十足差勁的男人。**

如果我每天都去想奶爸的缺點是什麼，那我可能早就離婚了！我們會過得幸福，那是因為我們不執著於對方的缺點和爭執上，我們永遠都體貼和包容彼此的不足，只專注去想對方的好處，**我們每天都是這樣過日子的！**

有讀者問，婚姻會讓人快樂嗎？我說，婚姻就是不斷的修正和轉彎，別看我現在很滿足於我的婚姻，其實中間有很多過渡期都**讓我痛苦到想要撞牆**（初期大吵和老公生病時），而現在的我認為，婚姻就是會使人成長、使人看到人生不同樣貌的神奇禮物。

我和奶爸一開始相遇是因為愛情，結婚頭一、兩年是一種熱戀激情，後續的生活則從愛情昇華到真愛和親情，尤其他生病那段時間，我體悟到愛情在生病時是起不了作用的，只有真心包容才能度過這一切。

那兩年的時間裡我幫他換尿壺、照顧他、陪伴他跑遍各大小醫院，加上奶爸因為病痛，脾氣變得非常差，常常對著我和孩子就是一陣狂飆。那段期間我深深體會到婚姻最需要的就是包容彼此，以及一種認定彼此的決心，唯有這樣才能度過大大小小的波折。

這本書是我的婚姻經營理念，我不是要教你們忍耐，在婚姻中一味的忍耐只是自虐而已；我也不是要教你們委屈求全，不快樂的人只會帶來更不幸的婚姻，男人女人都一樣。

無論經營愛情或是婚姻，最重要的是自省、進而給身邊的人帶來好的影響，如果任何事你都能從自身做起，另一半一定也會有所回應或開始改變，不要小看這種改變的力量。

最後，女生們，別再罵妳們的男人了！如果妳還想要他愛妳、想要他的呵護，請記得，責罵抱怨和一直說他的壞話，絕對不會讓他更愛妳，只會把他推得更遠。如果想知道怎麼讓另一半好好愛你、珍惜你，記得翻開後面的故事，把思維轉換一下、看事情的角度重新校正一下，你會發現自己有些地方不一樣了，愛情的結局也不一樣了。

PS真心謝謝我的主編以及Selena，從第五本書到第六本書，我總共花了快六年的時間完成，謝謝你們一路相陪、這麼用心做書！

面子是這個世界上最難放下的
卻又是最沒用的東西。

issue 01

女人的陷阱題

男人和女人在情緒不好時的表現方式不太一樣，男人通常需要靜一靜，自己思索答案、整理情緒，等他調適好心情，就沒事了，但是大部分的女人不想一個人冷靜，她們需要的是適當的安慰和關心、需要跟你聊一聊，如果你都不聞不問，女人會很生氣，覺得你不在乎她。

可是，怎樣才是適當的關心？常常讓男人摸不著頭緒，問她也不說，多半都在生悶氣，一個關心的方式或談話不對，就釀成後面的大吵。

女人也不是故意不說出來，應該說，女人就是不習慣說出口，**她想要的方式是男人主動察覺、主動關心**，而不是她必須開口說你做錯了什麼，你才明白。

各位男性苦主，是否常在無意間觸碰到女友的地雷？重點是你常常不明白為何而吵，好像做什麼都不對，跟大姨媽來了一樣。你覺得女友的話真的很難懂、情緒更難懂！如果你常有這樣的經驗，那麼以下的文章真的要好好認真看了。

首先，從吃東西這點來看，女人就常常心口不一，例如問她吃牛排好嗎？女人說隨便，但是當你真的帶她去吃牛排，她又會覺得其實今天比較想吃日本料理。

沒錯！有些女人真的是這樣，連我正在打這篇文章都覺得好笑，因為我偶爾和奶爸的對話就完全是這樣，但我真的不是故意要這樣，只是「隨便」這兩個字說的快了點，但內心想吃的可能是別的，卻又不想打壞奶爸想吃牛排的興致。

以下是「女人的陷阱題」，男人可要特別小心注意囉。

一、我沒事。

女人常常嘴巴很硬，不願意把心裡真正的想法講出來，尤其在我沒事這句話上，她的意思絕對不是沒事，真正的意思其實是：「我很有事！你真的要多關心我一點，如果你現在敢放心離開，以後絕對和你吵沒完！」

她講我沒事，其實只是在安慰自己以及故作堅強，這時候的她最需要別人的安慰和陪伴了，所以此時此刻千萬不要被表面的話蒙蔽，一走了之，倘若放心走人，女人可是會偷偷在心裡幫你扣分，以後永遠都記得你是如何不貼心的。

二、你想去就去阿。

這句我也常跟奶爸說（笑），還好奶爸懂我的個性，每次奶爸要去朋友聚會或是應酬時，如果時間太晚或是已經連續赴約太多天了，我就會冒出：「你想去就去阿～」這句話。奶爸一聽到這句關鍵的話，就會很識相的推辭朋友邀約或應酬，有一次連我自己也覺得很奇怪，就問他：「你幹嘛不去？」（**你看，就是有這種女人！**明明不想要對方去還硬是要問，沒錯，這就是女人無誤～～）

奶爸超聰明的回我：「妳明明就不想要我去，如果我真的去了就完蛋了吧！」

我聽完暗自竊笑，確實奶爸說的才是我真正的意思，但表面上又愛裝大方，不想落人話柄、被嫌是個會限制男人自由的老婆，哼～

三、節日不用過啦～隨便就好。

你不會白目地以為廠商發明這麼多過節的名目是為了男人吧？當然是為了女人啊！

只有少之又少的女人不愛過那些節日，你瞧瞧情人節時，臉書動態有多少深宮怨婦的貼文，你就會知道，不管是未婚、已婚、生了好幾個孩子的女人，通通都喜歡過節、喜歡享受過節的氣氛，幾乎沒有例外。所以，即使你只是送一朵花意思意思，但也總比什麼都不做來的好。

聰明又貼心的男生，在節日前幾天就會聽懂情人或伴侶的暗示，即使對方拒絕，他也不忘小小的表達一下，因為女人總是嘴巴說不要、說過節很浪費錢，但是其實內心非常渴望另一半能展現浪漫，為她安排一個節日的小驚喜。

當然，也不是要你花多昂貴的錢去吃大餐、買禮物、安排旅遊，財力夠當然很好，但是有誠意最重要，女人最想要的其實是你真的在乎她的那份感受。所以記得，千萬不要白目的什麼都不做，小心以後都讓你自己過節！（回歸單身狗行列～）

四、最近我好像變胖、變老、變醜了？

女人最常把變胖了掛在嘴邊，當她最近有意無意的在你面前說：「我好像變胖了？」，或是「我變老了醜了？」記得千萬不要笨笨的附和她說：「對阿，妳最近真的胖的很誇張，妳至少比交往前胖了五公斤……」這時候如果你真的敢這麼誠實，我會非常擔心你的人身安全，而且也可以保證你接下來的日子都不會太好過了！

如果女人開始三不五時的纏著你問：「我真的變胖了嗎？我真的老了嗎？你是不是嫌我不好看了？……」男人你要知道，有時候講話是種藝術以及善意的謊言，女人最無法接受的就是從另一半口中說出她變「胖、老、醜」這類字眼，即使是女人先開頭的也一樣，你應該要立刻回她：「真的嗎？我完全看不出來。不會啦，妳怎樣我都很愛！妳太瘦了，我還希望妳多吃一點……」

沒錯，請把它跟我默念十遍，當成「護身符」，保準你成為世界上最幸福的男人。要知道，這不是虛偽，**因為女人有沒有變，難道她自己不知道嗎？**她只是怕你發現她變胖變醜、不愛她了，所以你只要讓她知道自己的愛沒有改變、讓她開心有自信，她真的會越來越好，就像「愛的符咒」一樣，女人要聽的不過是心愛的男人不會因此而嫌棄她罷了。

講話真的是門藝術，講得好，帶你上天堂；講的不中聽，回家吃自己！多講點好聽的話給另一半聽，其實一點也不吃虧，因為你說的話很中聽、哄得女人開心，你們的相處也會開心順利，不會整天吵架鬧彆扭了。

女人也不是那麼難懂，有時候她只是想要你多一點關心、說些話來哄她而已，要知道如果女人不夠愛你、不在乎你，她連鬧脾氣都懶得呢～

issue 02

男人的「紅粉之亂」

每段戀愛多少會遇到前女友的問題，除非你是初戀，否則一定會遇到「前女友」這個讓另一半最有疙瘩的生物。

但別以為解決了前女友的問題就沒事了，真正讓女人更在意的是打著朋友的名號、實際上曖昧到極點的**紅粉禍水**（知己）！

對很多女生來說，當男友說要和紅粉知己出去，她的心裡就會開始覺得不安，若是和男友直接表態，希望他們不要單獨出去，男友往往會以蠻不在乎的口氣堵回來：「她只是哥兒們。」每次聽到這種回答都會讓女生白眼翻個好幾圈，心想：「什麼哥兒們，哥兒們是不會有胸部的好嗎？有胸部就表示是個女人，是女人就會有任何的可能性！」

女生心中的警鈴在作響，最好是有這麼漂亮的哥兒們，當我們女生沒搞過曖昧嗎？男人和女人對朋友這件事的定義大致是相同的，一般會成為紅粉知己的異性，一定是欣賞對方某些特質，就像交朋友一樣，你不會找你討厭的人當朋友，所以能當紅粉知己的前提就是：男生一定是喜歡對方的！只是這個喜歡是單純的喜歡這個朋友，還是有曖昧成分在內的喜歡這個異性？（男人謎之音：男女之間根本沒有純友誼這種事好嗎～）

加上某些男人如果本身就很在意外表，他的紅粉知己標準一定很高，絕對不會是普妹、恐龍妹，一開始沒有變成男女朋友，有可能是時機不對，雙方各有對象，或是有一方還沒有來電；有可能是彼此的感覺還沒成熟，但不代表未來沒有機會發展成男女朋友。

最典型的代表就是舒淇和馮德倫，他們是認識十七年的好友，兩個人的情史各自精彩，十七年來他們都是以好友的身分自居，果然最後不但迅速發展成情侶關係，甚至還閃婚，嚇壞一堆人。

紅粉知己或許沒有愛，因為不比情人，介於灰色地帶，但一定有「情」！那是男女之間互相信任、互相分享的情，有時候男人不見得會把事情告訴女友，但卻會詢問紅粉知己意見，對他們來說紅粉知己相處起來比情人更輕鬆、更沒壓力。

很多時候，紅粉知己的存在，對男人來說就等同於一種**「女友候補」**，目前沒辦法更進一步，所以做朋友更輕鬆自在，彼此更珍惜這層關係、相知相惜，然而一旦某一方的感情出現問題，或是出現某個契機，另一方就有可能會趁虛而入，這個機率比起陌生認識的異性來得更大。

那男人到底可不可以有紅粉知己？要知道，會當男人紅粉知己的女生大約分為兩種，一種是真的想要和男人當個無話不談的朋友；另一種則是很欣賞眼前的男人，**但苦無機會下手。**

一般一開始都是先當前者，兩個人個性很合，聊天相處都很開心，認識久了，覺得當朋友更好，所以就沒有進一步的打算，可是隨著時間越久，或是雙方有任一方感情觸礁就有可能變成第二種。這類紅粉知己獨有的特性就是讓男人覺得不會管他，可能也因為她們只是朋友身分，所以無法管控男人，讓男人會有錯覺認為紅粉知己更貼心、更好相處。

她們很會聊天、很開朗，初步接觸時，妳會覺得這女人真單純、真是好相處，一點也不像是會搶妳男友的人，可是，越深入相處之後越發現，紅粉知己知道妳男友很多事情，甚至比妳還多，這種感覺實在令人不好受。

她們可能比妳還早認識妳男友，甚至連男友的家人都認識、男友的死黨跟她是好朋友！每次一起出去總有種被冷落的感覺，他們聊的過去，妳聽不懂；他們談到某人大笑時，妳一頭霧水，妳發現怎麼男友有這麼多沒讓妳參與的事情？妳好像被他們排除在外，甚至懷疑紅粉知己根本是故意在妳面前聊那些妳完全無法介入的話題，展現她跟男友是多麼有話聊，而妳是多麼的多餘。

相信每個女友難免會遇到這種事情，我有個朋友也是，她交往的男友身邊有一群紅粉知己，還不是一個而已，而且一個比一個還難搞，男友總是和這些紅粉知己出去看電影、出去玩，常常忽略她。

有一次，她終於受不了跟男友吵架，男友覺得她實在是小題大作，她們都是朋友，有什麼好在意的？男友甚至還說：「妳不是我女朋友嗎？幹嘛跟朋友吃醋？不覺得很無聊嗎？她們可從來沒有批評過妳什麼……」她很困擾，跑來問我：「真的不能生氣嗎？真的是我太無聊嗎？」

我跟她分析，相對於妳的感受和不舒服，可以看出妳男友的自私心態，男人總是這樣，他可以擁有一群紅粉知己，女友介意就是不識大體，但如果換成我們女人有一群好哥們，三不五時和哥們出去玩、把他晾在一邊，他可以忍受嗎？

要知道女友會在意，就是因為女人之間會有競爭意識，女人可以忍受的紅粉知己類型，**只有在低於你的追求標準那種**，如果你的紅粉知己正是你所欣賞的異性類型，你卻只會一昧地要求女友體諒，那無疑是你太自私和白目了！這樣不會引起爭吵才怪。

我覺得，身為紅粉知己的女生也要自律一點，堅守與男性朋友相處的界線，當男性朋友已經有女友了，這時候就別互相打擾了，畢竟同性相斥，為避免好友的感情路不順，就先做個有道德的朋友吧。

而男人，就更不用說了，既然都談戀愛了，就好好專心對待自己的女友吧，有什麼話不能和女友好好說、非得要找個第三方來說？硬要惹得彼此更不愉快幹嘛呢？和紅粉知己保持適度的界線吧，畢竟女友還是比紅粉知己重要千百倍，不是嗎？

issue 03

挑男人要看他在床上的態度

每次談到床，有些人就會用曖昧的眼神意有所指，卻忘了除了性那件事，床對每個人都有很深的影響。

一直以來，我認為大部分的男人都是戀床的，在床上的男人會比較容易放鬆、也比較容易講一些內心話，所以我常常和奶爸溝通聊天都是在睡前，兩個人會肆無忌憚的講一些事情，即使是不愉快的事情，我也會直言。

通常這時候的溝通比較輕鬆和容易，彼此很自然的就會講些心裡的想法，如果妳對另一半有些問題想問，不妨趁醞釀睡意以前聊聊天，妳會發現在床上聊天有助於了解對方，以及化解彼此個性的差異。

談戀愛時，男人和女人的想法往往大不相同，可是對床的感覺，男人與女人大致是相同的，就是：放鬆、休息、性愛等等。所以，如果覺得和另一半無法溝通的時候，不妨換個地點，躺在床上自在的講些話，內心比較放鬆的時候自然比較容易溝通。

也因為床很重要，床事喬不好容易吵架、沒睡飽、睡不好，間接造成口氣差，影響的是你們夫妻生活。所以，挑選男人看他在床上的態度就可知曉，畢竟人最無防備的時候就是在睡覺的時候，從睡姿到睡覺習慣，妳可以發現，在床上比較遷就妳的男人，自然其他方面都會比較體貼妳、讓妳。

男人在床上的表現有很多種，例如猴急的、粗暴的、溫柔的、和只顧自己感覺的，如果是只顧自己感覺的，在性方面比較自私，同樣的其他方面也會比較自私，因為這是他們本性，比較在意自己的感覺。

幾乎所有的戀愛，最後都會到床上「談」，這是交往必經的過程，很多人都會說常做愛的人比起不常做愛的人，感情更好。

不過很多女生認為一直談論性是低俗的，所以很不願意從性方面來思考男人，但是因為愛慕而衍生性慾是正常的，固定的性愛能提升個人的幸福感，這是一種身體上的交流，即使是結婚多年，固定的身體交流還是很重要。

再說到睡覺習慣，好床伴就和好男人一樣難尋，睡覺的姿勢、睡覺習慣、睡覺作息等等，如果能互相配合得很和諧，那是非常難得的幸福！像我和奶爸結婚到現在，我們兩個人的作息逐漸可以重疊了，早期他是熬夜到凌晨五點才睡覺的人，隨著結婚久了，偶爾他可以和我們一起入睡，我們全家四個會在床上聊天、玩一會兒才入睡。

再來最重要的就是睡眠品質問題，如果一個男人會打鼾，而且鼾聲很響，甚至磨牙、說夢話、睡覺堅持不關燈等，即使干擾到妳睡眠也不認為怎麼樣，一副只要我睡飽就好，這樣的男人絕對很不貼心、很自私，妳真的應該要好好觀察一下。

我有個朋友的男友剛交往時就發現打鼾很嚴重，而且非常大聲，總是吵醒別人自己卻沒事，請他去看醫生也不願意去，完全不當一回事，後來有一次朋友忍無可忍半夜跑去客廳睡，以為隔天對方會覺得不好意思而道歉，結果對方竟然說，朋友一定是不夠愛他才會嫌棄他打鼾，嚷嚷著不如分手算了，真是有夠傻眼的，朋友索性趕緊分手爛男人，**證明了一個睡覺問題就能看出對方人品高下。**

此外，睡相也很重要，我曾經有個朋友因為男友睡相太糟糕，兩個人交往都分房睡，她說睡在一起根本無法睡熟，都會突然被踢醒或被對方的手壓到，害她一夜驚醒數次，乾脆一人睡一間，才能睡得安穩。

但這樣感情多少都會受到影響，讓她頗苦惱，擔心一輩子都要這樣分房嗎？難道要做愛時才同床？豈不是太怪了？我另外一個朋友，就因為和老公作息不同，早早就分房睡，分房睡後兩個人逐漸疏離，最後男人有了外遇，兩個人沒多久就離婚了。

所以床事和感情是有很大關係的，畢竟人的一生中有大部分時間都躺在床上，很多時候我們都會忽略了生活中的小細節，睡的好，脾氣自然少；情緒對了，感情和工作自然幸福愉快。

在人海茫茫中，找個人談感情就像買東西一樣，沒有經過仔細挑選和貨比三家，常會選擇錯誤，挑床伴也一樣，挑到對的床伴，會讓你的婚姻床事家事公事都順利美滿。

大部分的夫妻都會花很多時間在討論孩子、討論家事，卻很少討論床上的事，記得下次趁你的男人在床上放鬆準備睡覺時，好好的聊一下，或許你們彼此都會發現，「哇，原來他（她）是這樣想，這真的是我認識的另一半嗎？」

issue 04

安全感沒有任何人給得了你 Part 1

看過很多關於安全感的文章，大多是告訴男生該如何給予另一半安全感，但是我想跟你們說，其實這些對大多數女生來說是沒用的，男生再怎麼做，她們還是沒有安全感。

為什麼?因為，別人給不了妳要的安全感!而且，沒有人天生就有安全感，國外早有研究發現，談戀愛總是沒有安全感，跟母親有關。

如果你從小有得到足夠的母愛、溫暖和照顧，幼年時期就會逐漸建立起安全感和自信心，長大後也比較能跟別人建立信賴關係；相反的，則有可能一生中都將缺乏與他人建立良好關係的能力，所以很多人的兩性關係始終不及格。

這些嬰兒長大後，會根據媽媽在孩子面前的樣子而表現出各種情緒問題、影響未來身心健康，所以在寶寶表達情緒的時候，媽媽的態度就很重要，而父母親的感情好壞更是影響深遠，長期處於缺乏關愛和憤怒環境中的孩子，安全感會比一般人更缺乏。

安全感是一種很私密的感覺，為什麼你對伴侶總是沒有安全感？總是很焦慮？可能只有你自己最清楚，也最能體會那種情緒的困擾。

我也是家庭的關係，從小就莫名自卑、缺乏安全感，所以我一直是個極度害怕孤單的人，高中畢業後去外地上大學，晚上睡覺都不敢關燈、去哪裡都要朋友陪，做功課也要跟朋友一起、吃飯也要一起。

另一方面，可能由於不安全感和自卑的關係，我從不敢一個人待在人多的地方，人一多就會讓我覺得自己被注視，覺得很痛苦。我既害怕人多又害怕孤單，所以喜歡離群索居，只跟好友（閨密）來往，或是一定要拉朋友陪同，才敢出門。

談戀愛時也很沒有安全感、不容易相信對方。因為戀愛讓我受過傷，所以很不容易相信情人，對自己、對感情很沒有安全感，不願意輕易承認兩人的關係以及交付真心，害怕公開後分手難堪，與其分分合合不如不公開。

當你對愛情沒有信心、不信任對方時，一件小事就會引起爭吵，自己就像有顆玻璃心一樣易碎，**對方稍微講一句，自己就渾身是傷**。那時候對方明明沒有怎麼樣，我就是認定對方會離開、會想要和我分手，常常多愁善感、疑神疑鬼的結果，就是彼此毫無信任基礎，說倒就倒、說散就散。

我另外也發現自己有個毛病，那就是談戀愛每到一定的時間（通常是半年左右），就會開始挑剔對方、放大對方的缺點，內心會開始思考對方哪裡對我不夠好？然後開始鬧脾氣找架吵，往往對方都不曉得我在鬧什麼脾氣？為什麼前一刻還好好的，後來就生氣了？於是造成每段感情都很不穩定。

像和某任男友是遠距離戀愛，他常常忘記接電話，每次打電話給我的時候，我總是會累積很多不滿，然後大吵一架，因為沒有安全感，就會認為對方不夠在乎我，給朋友和同事的時間比我還多！三不五時就找他吵架，最終讓他失去耐心。

我每談一次戀愛就受一次傷，下一段戀情總是擔心又會被騙、被傷害，於是又選擇一樣的方式，不信任對方、拼命追查和給予壓力，結果就是分手、失戀，惡性循環。

到後來我為了改變自己、想要了解自己為什麼會這樣？於是去中原大學上心理課程，接觸心理學之後，才知道原來小時候爸媽不斷爭吵，以及拿行李要離開的畫面，一直深深烙印在我腦海中。加上家裡小孩多，我始終得不到媽媽的關愛，造成極度沒安全感，讓我很重視愛情但也很怕被愛情傷害，而當我越是害怕，對方就越是會離開！

根據阿德勒心理學原理，通常就是因為對自己很沒安全感，才會要求對方要表現完美。我這才醒悟，每個人都不可能完美，包括我自己，每段感情也都不一樣，不需要太過期待或是預想些什麼完美的畫面。

遇到老公之前我去了趟英國，那時剛和前男友分手、事業也遇到瓶頸，想要轉換心情，所以獨自一個人去英國三十天，重新回到學生生活，一個人去闖蕩，強迫自己去面對和學習我最討厭的英文。

記得英文不夠好的我過海關時尷尬的說不出話，在英國自力更生的待了三十天之後，我的臉皮變得很厚，已經可以和海關開玩笑、多聊幾句了。

剛到英國時，我深深體會了孤單的感覺，天地之大，卻沒有半個可以依賴的人。我曾經獨自走一個小時到超市買一大袋食材回來煮飯，手提食材提到紅腫、走路走到鐵腿！

出遠門要搭公車，我一個人出門、一個人看路線圖搭車，一切都很新鮮也很恐怖，所有一切都和台灣截然不同，當時我在台灣已經買車了，雖然一隻眼睛看不見，但為了跑業務方便，出外都是開車，比起在英國感覺更能掌控自己的生活。

我認為當人擁有了一些東西時，會失去某部份的快樂，在英國一切歸零，所以我得到了一種叫做「單純」的快樂，早上去上課、晚上和班上同學去酒吧，一起參加派對、一起遊行。那段時間的生活很充實，到了要回國的前一天，舍監用英文和我說，我改變非常多，第一天到英國時，她發覺我什麼都不敢說、只會微笑點頭，到了要離開時，靠著隨便亂說一通，竟然已經交到一堆朋友了。

人其實最怕的是沒有勇氣，只要擁有勇氣，即使講錯了、丟臉了，又如何?當你有勇氣、當你能夠克服你最討厭、最害怕的東西，世界上就沒有事情能難得倒你了。

那趟英國行回來之後，我開始累積自信，在那三十天裡我靠自己完成了很多事、克服了很多恐懼，那是過去不太可能發生的事情！

issue 05

安全感沒有任何人給得了你

Part 2

回國後，我遇到了老公，跟他談戀愛時，我發現自己整個人都不一樣了。我不會時時刻刻想要知道對方在做什麼，反而專注在自己現在在做什麼；我不會擔心對方會想要離開我，我知道自己值得被愛，要離開也是自己覺得不值得繼續。

我的內心充滿了安全感，不是故作姿態、不是勉強壓抑自己。而且安全感是來自於我給自己的，不是老公給的，所以沒人能拿得走。我知道只有真心喜歡自己，別人才會喜歡你；只有充滿自信，才能經營好關係。

有一天老公跟我說，他覺得和我交往很輕鬆、很開心，這是他以前天天去夜店也得不到的。過去他因為家庭關係，覺得很寂寞，所以每天都和朋友出門玩樂，遇到我之後，他發覺其實只要兩個人在一起就很快樂了，根本不用去夜店找刺激。

後來我明白，很多時候你沒有安全感，**不一定是對方做了什麼事**，其實都跟自己有關。

因為小時候的安全感沒有得到滿足，於是相處中會整天胡思亂想、腦中小劇場很多，甚至胡亂評斷對方就是一個什麼樣的人，最終搞壞了一段感情，事實上這些猜測、認定，全都是你自己的想法而已。

我們太常把問題歸咎於別人，其實你心裡早已有數，沒有安全感的人通常都知道問題多少來自本身，可是我們改變不了自己，或是不想改變，於是只好推到對方身上。

其實，改變最簡單的方式就是：**找出你害怕的點到底是什麼。**怕別人不喜歡你？怕錢太少會被嫌棄？怕對方會遇到比你更好的人，然後離開你？

找出這個點之後，努力去克服它，例如你總是害怕一個人出門，那就練習連續十天都一個人去逛街、看展覽、強迫自己跟陌生人聊天，去做些能幫助自己改變的事。

安全感，真的可以藉由一次次的練習和建立得來！不用著急和緊張，當你慢慢擁有安全感之後，會發現自己不再給情人帶來壓力，也學會如何和自己、和情人相處得更好。

如果你像我過去一樣談了多次戀愛都很失敗，相信我，給自己一次勇氣，一開始就老實告訴對方，請對方包容你的敏感和害怕，一起好好經營這段感情，你會發現，能夠相信對方是一件很美好的事，即使天塌下來，仍舊會覺得安心。

當然，一個好男人也能從自身做起，給心愛女人足夠的安全感。安全感這種東西雖然是無形的感覺，然而卻可以從相處的點滴中給予，但很多男人應該會一頭霧水的問：「這種感覺要怎麼給？我明明就已經有給對方了啊，她還是覺得不夠！」在這裡我可以教男生一些招式，都是很有效的方法：

一、懂得和女友坦承和分享。

這點其實不是很容易，尤其對那些酷愛自由和隱私的男人來說，這點就很難做到。但是坦承自己，是戀愛中很必要的，你願意分享你的心情點滴、願意和對方坦白一些過往，這些都會讓女人感受到被重視和充滿安全感，兩人的關係更能獲得改善。

二、牽手很重要。

女人會覺得，牽手就等於牽心。

很多男人出外想表現大男人，不愛牽手，或是見到朋友就趕緊甩開，這都是傷害安全感的行為。對女人而言，牽手和擁抱能感受到很足量的安全感，所以不要吝於多多擁抱你心愛的女人，連在家都偶爾深情牽起她的手，你會發現你們的感情越來越好。

三、愛屋及烏。

我很多男性朋友都是使用愛屋及烏的方式追到好老婆的，因為世界上沒有什麼比你愛我、也愛我家人，更來得令人感動了！能夠愛屋及烏的讓女方明白你的心意，更能確定兩人的關係。

四、關心和愛心。

想要讓女人不查勤，就要先付出關心，女人如果得到安全感，其實不太會管男友行蹤，通常查勤查得很兇的女人，都是因為男人有不好的先例，才會一直注意和查勤，因此想要獲得自由，首先要懂得關心自己的女友，以及懂得自愛很重要。

五、接納對方的缺點。

這點很重要，讓女人明白即使是缺點仍舊是被接納和喜愛的，這會讓女人很有安全感，進而也會覺得你的缺點無傷大雅，彼此都要懂得欣賞對方的缺點，才能持續經營。

六、眼中只有唯一。

戀愛時的唯一很重要，如果你常常提起前女友和紅粉知己，那麼即使你給女友再多的關心都沒用！對女人而言，戀愛時的唯一很重要，切記別再把前任和曖昧對象混進這段戀情，讓女友感受到你的專情和唯一吧。

再來，女生們，當妳一直盯著手機，看對方已讀不回而難過，這樣太可憐而毫無魅力了。有心的人即使再忙仍舊會抽空關心妳，沒心的人即使很閒也不會想要打給妳，別把生活重心寄託在一個人身上，失去他，也會覺得失去所有，要讓自己先擁有安全感，這樣的自信和優雅，能讓妳贏得尊重，關係才能長久。

issue 06

失戀，是最好的安排

我有個男生朋友失戀療傷期長達五年，一直不敢再交新女友。

五年前他事業遇到瓶頸、處在逆境時，女友離開了他。過去意氣風發時，女友吃好用好、每天逛街買名牌包，他盡力滿足女友想要的一切，一旦事業失敗，女友立刻翻臉，不但瞧不起他，也不願意一起重新打拚，後來更快速搭上別人跑了，從此之後他對愛情失去了信心，不敢愛也不想愛，覺得女人都非常可怕，單身長達五年。

前陣子，他終於遇到一個對象，和以往喜歡的類型差很大，不是亮麗型的大美女、沒有全身貴氣打扮，帶出去不會引來羨慕的眼光，但是他很喜歡對方的真誠，不在乎旁人眼光，可以勇於說出心裡的話，跟她相處很自然沒有壓力。

這個女友，因為低於他過去挑選對象的標準，加上之前的陰影還很深，他一開始也非常猶豫、遲遲沒有太多的動作和承諾，直到母親點醒他：「你有嚴重潔癖，但是這位小姐不小心翻倒飲料或弄髒衣物，也沒見你生氣，可見你真的很喜歡她。」這段話讓他明白了自己的感情動向，展開積極追求，終於走出五年的心魔。

分手，不見得就是失去，有時候你會發現，**失去與獲得是一起來到的。**

每個人失戀時，都曾經認為生命中最重要的人再也不會出現了！不管親好友如何勸你、告訴你離開了不重要的人，才是最好的安排，你都聽不進去。不僅聽不進去，還會覺得太離譜，**失戀怎麼會是最好的安排？**直到撐過了這幾年，遇到更好的另一半，才知道原來離開不好的人，真的是最好的安排！

威爾史密斯主演的一部電影，就叫做《最好的安排》，描述熱愛生命、事業家庭都得意的主角，是人生勝利組，有錢有地位，但在六歲女兒死亡後，他變得憤世嫉俗、封閉自己、不再與任何人交流。他的同事決定幫他走出人生難關，聘請三位演員分別扮演死亡、時間、愛，嘗試跟他對話，讓他明白死亡、時間與愛的真義。

他不相信女兒的死怎麼可能是最好的安排！但後來發現，每件事、每個現在，都可以創造不同的未來，人死無法重生，但可以珍惜還活著的人，將女兒的生命延續下去。

時間是良藥，能夠稀釋傷痛，那個朋友需要釐清的是為何會失敗，因為他選了一個不適合的對象，誤以為對方就是他要的人。

兩個人無法在一起沒有誰對誰錯，只有適不適合，不要因為失戀就覺得自己沒用，這是個學習課題，學會了人生才能更好，挑選對象就不容易犯錯。

兩人交往久了，有一點很重要：有沒有走下去的共識？有個朋友和男友交往很久，某次談及結婚，朋友不想和公婆住，男友卻回答能力有限，無法同時負擔兩間房貸，堅持婚後要和家人同住，節省交通費和房貸費用。

朋友當下沒有多說什麼，但是心裡一直很糾結，擔心自己無法應付婚後那些不可知的狀況，畢竟這是一輩子的事情，彼此如果沒有共識，而且男方根本不討論就擅自決定，這樣也沒有交往下去的必要。

女方不是自私，而是男生的態度太專制，因為住進婆家是很重要的事情，男方沒有所謂的適應和磨合期，但是媳婦有！**（可參考：換你去老婆家住看看！）**

結婚後除了要適應自己跟另一半的相處，還要同時照顧到婆家的人，壓力一定非常大，未來婆家如果連小孩子的教養都想干涉怎麼辦？而男友連買房計畫都沒有，也無法提出多久後可以獨立過他們的生活？買不起可以先租啊，但是感覺男生只想依賴家裡，這樣的人，跟他結婚真的會有幸福嗎？

畢竟結婚是大事，如果這男人不夠獨立自主、彼此沒有共識，以後一定會冒出更多問題，女生聰明的立即斬斷六年感情，雖說可惜，但總比一輩子賠下去要好。

我曾經也同居過一任男友，最後因為生活相處都沒有共識，也是分手收場。同居最大的改變，是從整理自己的生活，變成整理兩個人的生活開始。

當時我們同居後開始出現很多相處上的差異，小從垃圾今天誰倒，大到用錢的習慣，我們都無法達成共識，以前談戀愛時不覺得有這麼不適合，共同生活後，發現和對方沒有一處是相同的，連說話都開始不對盤。

而隨著爭執越來越多，彼此開始發懶、不再積極經營這段感情。交往久了，我們開始習慣討厭對方，為了不改變眼前的生活（改變太麻煩），只好眼不見為淨、耳不聽為寧。

我們開始在同一個屋簷下各做各的事，把對方當成空氣，有一次我問他：「晚上要和我爸媽吃飯嗎？」他沒回答，甚至假裝沒聽見，接著他就像韓劇變心的男主角般，俐落的穿好外套，拉開門走出去，沒有一句回應、沒看我一眼，他的態度讓我害怕，我坐在那裏十分困惑，世界上真有這樣的男人？**同居後連個性都變了一個樣！**

後來我們的問題累積越來越多，但是只要不去提起，就好像沒事發生一樣，到了某種時刻才突然一次爆發，這真的是我想要的愛情和未來嗎？跟沒有共識的人繼續交往，是浪費生命，我該做的是瀟灑的收拾行李、甩開門走人。

兩人相處一定有很多磨合，彼此能夠認同和協調才能走得長遠，而不是缺乏共識，一直互相嫌棄或覺得自己很委屈，說真的，因為歷經離開那些不適合的人，後來遇到奶爸時，我才會知道他就是我要的那個男人！我才有辦法調整好自己，成為適合他、能帶給他開心的女人。

issue 07

醒醒吧，少女心症頭！

很多人都嚮往童話般的愛情，期待著白馬王子拯救公主的故事出現在生活中，認為那才是真愛。然而，妳發現的事實是，童話故事忘了跟妳說，白馬王子早上起床也會有口臭，平常也會放屁和大便，他的衛生習慣或許沒有很好。

白馬王子也會發脾氣、沒耐性，不會天天叫妳寶貝、我的公主！就像妳也會任性、鬧情緒一樣，彼此都不像王子公主般溫柔美好，讓你們對彼此瞬間幻滅。

現實很殘酷，當妳上班累了一天，回家發現王子髒衣服和臭襪子亂丟，只顧打電動看球賽，癱在沙發上像個胖馬鈴薯，妳看了非常火大，這哪裡是王子？婚前那個浪漫到不行、沒妳會死的傢伙到哪去了？怎會瞎了眼嫁給這隻癩蛤蟆！於是直接和王子吵架，吵完後妳身心俱疲，天天都是差不多的戲碼上演，這不是妳想要的愛情啊！

醒醒吧！童話故事和愛情小說都是騙人的，小時候我們嚮往的愛情和王子並不會真的出現在生活中，當妳逐漸清醒，就代表妳長大了。

我身邊有個**「少女心症頭」**很嚴重的朋友，她一直在追求浪漫的愛情，每段感情都因為她的極度浪漫而分手，每次分手都對她打擊很大，不明白這世界的愛情怎麼了？直教人生死相許的浪漫淒美，為何對歷任男友都沒用？

直到前陣子她遇到一個男人，她和對方交往三個月後開始同居，同居後她和我說的話都變了，開始討論她煮飯給對方吃、會做家事，會討論未來結婚的藍圖和規劃。

我問她怎麼轉變這麼大？她說以往她談戀愛都沒有同居過，她總是想要把最好的一面呈現給對方看，也希望對方如此照做，她想要依照她的戀愛情境去走，沒想到每次的期待總是失敗，男友都覺得她過於浪漫不實際、頭腦有問題。

但這次交往的男友因為沒有過度期待，所以一開始就很真實的呈現，沒有甜言蜜語、沒有花俏的約會行程，很自在的吃路邊攤、隨意約會看電影，尤其同居以後，她終於敢卸妝給男友看了！一切真實的樣貌她都覺得無所謂，反正兩個人在一起開心就好，她覺得第一次不照自己想像的情節去談戀愛，感覺很不錯。

以前的她很嚴格進行男友條件篩選，就像在選王子一樣，要多優雅、要多深情、要捨得為她付出一切……結果每次選到的反而都不是很好的對象，沒想到，這次無預期和朋友介紹的對象試著交往，卻非常適合她。

或許，年紀到了也有差，選擇對象的條件開始改變，她想追求的不再是高富帥王子，在一起的務實和體貼更重要，當她開始脫離童話故事的幻想時，**表示她回到人間了。**

畢竟，真正進入婚姻後，妳們才會明白，婚禮上的美好只是當下瞬間，真正的幸福是來自你們兩人的默契和用心！這樣的感情會讓妳毫無打扮出門約會也感到自在；只要跟對方徹夜聊天，不必歐洲豪華旅遊，也覺得開心幸福。

另一半再帥，也比不過日常體貼溫柔；另一半再有錢，也比不過對妳大方捨得。

每個女人的婚姻都是自己選的，當妳走出童話世界，會發現能夠患難與共的男人才是真的，那些不負責的承諾、花言巧語，都是假的。一個時常抱怨的老婆，絕不會有幸福的婚姻，常常抱怨老公和小孩、看哪裡都不順眼的女人，**只會落得怨婦的人生。**

我很喜歡看電影，因為電影可以看到各種美好的可能，或許現實中沒那麼刺激，但可以滿足想像，可是電影始終是電影，我們要的愛情比較平凡，只是平凡的老夫老妻吃吃零嘴、看場電影、散個步、聊聊明天的規劃，就很滿足了，那些電影中的完美愛情留在觀看的瞬間，我們的愛情就是沾了點酸甜辛辣，然後，又這麼過了一天。

issue 08

男人提分手 很難挽回

分手對於男人女人的不同在於，當女人決定放手，還是有很多的猶疑和放不下；如果是由男生提出分手，一般想挽回比較難，因為男人比女人還不容易留戀過去，是傾向於理性思考，當男人決定放手，表示已經想得夠仔細了，轉圜的餘地已經消失。

男女對愛情的投入差異很大，女人通常是從一分到十分，慢慢且深深的愛上對方，一旦被對方先提出分手，常常會走不出來。所以分手最初會捨不得，以為對方還會回頭，不斷說服自己要忍耐，即使眼前的情人很絕情，妳仍保有一絲期望，希望明天一切就會改變，接下來情況沒有改善，妳開始尋找可以幫忙的人，對方的朋友家人等等，希望有個人可以說服對方回心轉意。

「你覺得我該放棄了嗎？」

「他那樣子已經不愛了嗎？

「到底該怎麼做才能回到從前？」

妳一直重複一樣的問題問身邊的人，卻聽不進任何忠告，任何的真相對妳來說都太過殘忍，妳把耳朵關起來、眼睛閉起來，活在自己的悲傷中。

妳不知道，男人的分手多半不是講講而已，**往往是提分手的人早已準備離開了**，要他回頭，除非有很強大的機緣出現。如果妳真的覺得不挽回不行，評估過男方對妳也還有感覺的話，那麼切記有幾點一定要注意：

一、不要舊事重提。

當男人提出分手，表示你們最近的感情已經瀕臨破裂的地步，因此緩和關係是很重要的，不能再隨便找事情吵架，在這個時候，妳不要再提起舊有的問題和爭執，而是要適時的表達認同對方，因為矛盾只會讓彼此漸行漸遠。

男人在爭吵時，情緒起伏會比較大，因此不要把他逼到死角，可以試著回想以往爭吵時，你們都是如何和好的？**妳的男人吃哪一套很重要**，要好好找到對方喜歡的點，以便喚起對妳的美好回憶！

二、再吸引對方一次。

當對方提出分手，表示他的感情已經改變了，這時候如果妳又死纏爛打，會更影響對方對妳的好感，男人通常提分手就是想要先抽離這段感情，心情已經很煩躁了，如果妳還在那邊一哭二鬧三上吊，只會讓男人更厭煩，覺得跟妳分手的決定是對的！

這樣的情勢對挽回更加不利，當然挽回的前提是沒有小三，如果是有小三而提出分手，基本上已經是無法挽回了，**要明白變心的男人是最難挽回的**！想要挽回可能要等到對方和小三情淡才有機會。

如果沒有第三者，因為常吵架或是個性不合而提出分手，最好的辦法就是再吸引對方一次，讓他重新追求妳！想一想對方喜歡妳的點有哪些？當初怎麼在一起的？只有回到初衷才有辦法挽回。

看完這二點以後，我想很多情侶在分手當下都曾試圖想要挽回、想要復合，但是妳有仔細想過妳這麼做的原因是出於還愛著對方，還是不甘心呢？

復合是一件既辛苦又困難的事情，需要時間和耐性，而會分手，就是因為兩人的相處出了問題，妳有想過對方真的適合妳嗎？如果對方要求的改變超過你的負荷，這樣的挽回值得嗎?是否長痛不如短痛比較明智?

相信我,即使你們真的和好了,**這份感情永遠也無法回到當初了!**一旦分手被一方提出,有些東西就變了,妳應該要仔細思考,妳的感受到底是愛還是恐懼失去?是真的很愛對方,還是只因不能承受是他提出分手的?

我在大學時期曾經有和男友分手又和好的例子,但因為爭吵的點仍舊存在,因此就算和好了,兩個人的感情也回復不了當初,而且每次爭吵都會把當初分手時講過的話又拿出來重提,最後還是走向分手一途。

被分手的人或許會覺得好端端的,怎麼下一秒說分手就分手?明明上禮拜還通電話,這禮拜突然說分手,任誰也會想要追究原因!但是當事者往往會忽略,分手可能是累積許久的問題沒有溝通和解決,造成提分手的人持續不滿,你難道覺得是毫無徵兆嗎?如果你這麼遲鈍,那挽回後又如何改變自己、給對方不同的感受呢?

最後,無論有沒有挽回,你都要找回自信,要明白分手絕不會是一個人的問題,是兩個人都有不適合的地方,所以不要讓這樣的情緒折磨自己、否定自己。

issue 09

宅男們，追女生要用點腦子!!!

很多宅男都很想要交到女朋友，偏偏每次出手都會被發好人卡！明明都照三餐問候、也隨傳隨到，照顧好比奉養雙親，簡直比男友更像男友，最後還是被拒絕，到底敗在哪裡？

要知道，**女人不是追久了就能到手的！**如果你兄弟還在跟你說女人就是要跟她耗、要死纏爛打，就會到手，那我可以跟你說，他們都在誆你，他們根本不了解女人，因為你最後的下場不是被當成備胎、司機、宅配小弟，要不就是免費吃大餐的對象。

追求女生要先了解女生的心態，之後再來追求，而且不是所有女生都用同一招！

我身邊有個男生朋友就是如此，傻傻的隨傳隨到、全天候待命，每追求一個女生就被發一張好人卡。他是個很好相處的男人，但缺點就是不太會和女生聊天，每追求一次就使出苦

追計，常常送飲料、餐點，女生要出門他就開車到樓下接她，半夜去載她回家，甚至對方在夜店狂歡，他在路邊癡癡守候幾個小時都不敢離開，就這樣苦苦付出很長一段時間，一直到他覺得可以告白時（至少已經超過一年了），一告白就被打槍，對方跟他說還是維持現狀做朋友最自在！**（這女人也夠了～）**

於是他開始療傷，療傷完再繼續投入下一個他喜歡的對象，就這樣浪費了很多時間在不斷追求和療傷的循環上，因此到三十七歲才談了人生的第一場戀愛！

不要說那些女生壞，問題是我朋友也沒有表白要追求，就是乖乖的當司機和男傭，當了很久才領悟到應該要告白，遇到臉皮厚的女生就會平白無故被占便宜，所以男生也有責任，像這種對你根本沒感覺的對象，你卻看不清，還自己一頭熱，不失敗才怪。我覺得追求女生不外乎幾點：

一、第一印象是關鍵。

這對女生來說很重要，**第一印象幾乎就可以決定是當朋友還是男友了！**畢竟沒好感連朋友都當不下去，因此如果朋友要介紹女生給你，記得要好好打扮一下、準備一下，雖然宅，也不該宅得邋遢、不修邊幅還自以為是男人本色，這樣恐怕第一面就被淘汰。

二、增加吸引力。

男人有抓頭髮和沒抓頭髮差很多！打理過的外表絕對能加分，讓女生看到你有想要多認識一下的感覺，千萬別穿著睡衣拖鞋或奇裝異服就出門。

我有個宅男朋友就是這樣，想要追求女生卻又懶得打扮，穿皺巴巴的T恤和夾腳拖就去赴約，褲子上還有一些髒污，讓人懷疑他是不是一整個不懂人情世故？這樣去見面太沒禮貌了！打扮的目的就是要讓對方產生好感，也是基本的尊重，這點很重要。

三、追求要用腦。

追求女孩子不是要你什麼事都要做！要知道女人對於有好感的男人，一開始是不會一直使喚的，畢竟女人也是要面子的，如果你追求的女人一直使喚你，那就要明白她可能對你沒意思。

其實，女生很好看透的，同樣是追求，若是她喜歡的男生做的，她會覺得欣喜若狂；若是她不喜歡的男生做的，她的反應會很冷淡、甚至閃避。如果她總是麻煩你做事情，但事後愛理不理，千萬不要安慰自己說起碼對方會打給你、拜託你做事情，實際上你在她心中就只是個可以幫忙的人而已，談不上好感，即使你努力一、二年，恐怕仍舊無法晉升為男朋友的地位！

四、會聊天比長得帥重要。

追求女人不是要你天天出現在她面前，**你要明白帥哥才不會這麼做呢！**

要找出你的優點並且加以發揮，我有個男生朋友長的不怎麼樣，但是交往的每個女友都是大美女，他的優點就是很會聊天、很會討女生歡心，所以女生都很吃他那一套。要知道，會聊天、有幽默感、會說話，有時候比外表來得更重要！

五、早點告白。

不要以為現在還是那種癡情的年代，癡心守候就能抱得美人歸，你想太多了！

要知道，有時候付出不見得會回收的，所以要像買股票一樣，訂好停損點，如果覺得對方可能沒意思，那麼就快點告白，趁早死了心，適時放手才明智。

說了那麼多，到底怎樣才能攻破女人心呢？其實就是讓女人對你產生好奇和興趣！如果追求一段時間，女方對你都似有若無，你可以稍微刺激她一下，例如你本來天天出現，突然沒出現，這時女生會覺得奇怪，開始關注起你來，這就是第一個刺激；第二個就是讓女生出現比較心，當你身邊出現另外一個女生的存在時，追求的對象就會覺得有點想要較量一下，她自然就會開始緊張、更加注意你的一舉一動。

最後一點，就是不要什麼都答應！追求女生不是要你收好人卡的，有些可以幫忙，有些不能就不要勉強，不要傻傻的什麼都做，最後還沒追到手，根本是賠了夫人又折兵，偶爾得拒絕一下，例如推說這次要跟朋友聚會，沒時間去接送她，這些小小的拒絕會讓女生產生為什麼的疑問，**她會很訝異本來很聽話的你怎麼變了？**

這三點都是要讓她對你產生好奇心以及興趣，這樣子才有機會能夠繼續互動，當然前提是她對你不討厭才行喔！如果她對你完全沒興趣，那這些招數全都沒用，直接撤退比較快。

issue 10

一談起戀愛就發瘋、聽不懂人話

有沒有遇過這種情形？一段戀愛結束後，你才發覺自己簡直是鬼遮眼！盲目愛著一個不適合的人，完全聽不見周遭人說的話，眼裡只有情人，覺得情人什麼都好，但也什麼都想和對方爭執。

你不清楚發生了什麼事，愛情該是享受的，但是你只覺得情緒很糟糕，總是起起伏伏、很情緒化；你為了愛付出很多，犧牲奉獻，一步步把真實的自己放棄，**不自覺的縮小和矮化了自己**，最後什麼都沒有！

人在談戀愛時，真的會被愛情沖昏頭，變得盲目，對錯都分不清楚。有科學家研究指出，那是因為愛上一個人的時候，大腦會有四到五個區域同時展開運作，難免有時候會秀逗當機，失去理智判斷。

這就難怪了！有些人談起戀愛來就會開始發瘋、聽不懂人話，明明生活和工作上都很正常，但是遇到跟情人有關的事情就完全變了一個人、徹底的鬼遮眼。

有個朋友和男友交往三個月後常常為了小事爭吵，平常很 Man 的她變得扭捏不乾脆，為了男友的要求，一向打扮中性的她嘗試穿洋裝，增添女人味，然而這樣的改變仍舊滿足不了男友，覺得她可以改掉個性、嘗試更多。

他們爭執日漸頻繁，姐妹們都勸她分手，然而盲目的她仍舊沉浸在自己的世界裡，覺得對方對她的要求都是為了她好，就這樣糾纏了二年，最後男友劈腿一個辣妹，跑了！

我們常會為了要達到對方的期望而隱藏或矮化自己，為了美好的形象而不斷偽裝，害怕真實的自己不被喜愛，**最後卻又因為這樣的隱藏和偽裝而失去了愛情。**

在戀愛中不能表達真實想法是痛苦的，每個人都想要做自己，做自己才會快樂！如果一昧的想要達到對方的期望，最後不僅會失去愛情，還會失去自我。

某個朋友說她常傳訊息給男友，對方都不回應，不知道忙什麼？到底喜不喜歡自己？這是她每天的話題，困擾著她，也困擾了我。

第一次遇到這個朋友，是在一次聚會上，她總是拿著手機心不在焉，露出苦惱的神情，旁人看得一清二楚，但本人不曉得。她吞吞吐吐的說著內心的痛苦，始終煩惱著男友的想法、喜好，揣測著對方的用意。

「我工作很忙，事情很多，妳要體諒我！」這是男友最常跟她說的話，為了不讓男友失望，她盡量妥協、配合對方，扮演一個好女友的角色，連男友跟女同事一起去看電影，只因為男友說：「妳又不喜歡看恐怖片。」所以男友毫無罪惡感，而且不准她吃醋，吃醋就是不識大體，不適合他。

隨著時間過去，她總在虛耗時間，越愛越寂寞、越愛越辛苦！需要男友陪伴或關心時，總是一個人；生病不舒服時，想鬧脾氣爭取陪伴，男友卻毫不留情的數落她。如果想要留在這段關係中，就必須傷害自尊、犧牲被愛的權利，必須妥協於男友所有的規矩和標準，並且習慣孤單。

她多次很累了，不想繼續迎合對方，犧牲自我個性，她想知道是否該結束？還是等待男友會有不同的轉變？但誰來勸她都勸不動，除非她真正願意放手。

我建議她最該正視的是：「練習在乎自己！在乎自己的心情和喜好。」當面臨一段讓我們痛苦的關係時，最先應該要學會尊重自己的感受，而不是不斷的壓抑和說服自己。

只靠一方壓抑是無法維持感情的，每對情侶都有獨特的相處方式，是旁人很難明白的，譬如有些人個性強勢，情人就會比較退讓；爭吵時，姿態放軟的一方就會有方式讓對方氣消，每個人都有自己在愛情中的相處方式，外人眼中看起來不平等的相處模式，說不定兩人樂在其中呢。前提是，**雙方都不覺得委屈！**

而你的優缺點在對方眼中應該是一樣的，不會有質疑、更不會討厭。所謂的真命天子天女，說的就是遇見了一個人，而那個人很自動的包容了你的所有，對方愛著你的缺點，彷彿那只是一些小，絲毫不影響你的美好，彼此就像天生注定一般！

我們以為愛情是付出所有，總是忘記聆聽內心的聲音，選擇跟著對方的喜好走，活得完全不像自己。但是，一個不重視自我感覺的人，**另一半自然也容易忽略你的感受。**

你該做的是把自己放在第一位，而非整天哀怨得不到對方的珍惜。不要讓自己淪為對方可有可無的情人，練習找出對自己最好的方式，每天過得開開心心，才是真愛情。

issue 11

別傻了！下了床 妳真的不是他的誰

現在網路上的性知識取得容易，流行速食戀愛，比起以前那個年代，進展像光速一樣快，**從熱戀到上床幾天就完成**。

對於上床這件事，男人與女人想法差很多，對大多數女人來說，性的前提一定是有愛；然而對男人而言，有性卻不一定需要有愛。有時候身體上的衝動甚過於愛的感覺，男人比較容易受小頭控制，妳必須要分清楚男人「上床」和「下了床」的現實。

有個女生朋友，剛出社會進入公司不久就受到一位男同事的照顧，那時候她也沒想這麼多，兩個人發展迅速，才沒幾天就進展到床上，女生一直認為這是認真的交往關係，畢竟都在同一間公司，而且男生對她很照顧。

但是男生從來不這樣認為，他總是若即若離、也從不稱呼她為女友，也不會想要公開他們的關係，想上床時就邀約她，每次邀約都以上床為主，沒有半點像是約會的安排，久了女生忍不住問他：「我們到底是什麼關係？」男生不正面回答，只說現在的他沒有打算交女朋友。

從女生的角度看來，這樣的男人真的很無恥，根本就是渣男一個，只想騙女生上床！可是男生覺得很冤枉，他認為自己從來沒有開口承諾過，也沒有半點勉強女生，一切不都是你情我願嗎？何來騙上床的罪名？

因為男人的生理構造和女人不同，所以想的也完全不一樣！他們可以做到性、愛分離，但女人很難，或許那個男同事只是想要來一段沒有負擔的性關係，但是女生想要的卻是穩定交往！她是因為認定彼此是男女朋友的關係，才會跟男人上床的。

要知道，**「上床」的浪漫和「下了床」的現實是完全不同的**，床上的甜言蜜語不代表下了床仍然會繼續，錯誤的結局往往起於錯誤的開始，沒搞清楚男人在想什麼就急著上床，當心下了床之後，妳可能發現自己根本不是他的誰！以下幾點幫女生釐清，到底怎樣才能避免誤會男人對性愛的態度？

一、不夠認識不要急著上床。

盡量延長熟識期，很多感情判斷錯誤就出在進展太快。太快熱戀、太快發生關係、太快結束，兩個人都還沒體會到牽手的溫度就已經滾到床上了。女人要矜持一點，太過開放會讓男人有種錯覺妳也是個玩咖，一旦男人有這樣的想法，他絕對不會對妳認真談感情的。

二、拒絕一夜情。

別看電影裡男女剛認識萌芽的情感連帶著性愛很美，那多半就只是一夜情，男人想要的就只有一夜而已，而女人上了床想要的可不止一夜，雙方在激情後，願意負責的男人少之又少，因此不要貪一時歡愉，讓自己賠了夫人又折兵。

三、甜言蜜語不要當真。

男人有時候會為了能夠盡快達到上床的目的，空口說些不負責任的甜言蜜語，以加速情感的催化，千萬別被這些甜言蜜語給騙了，尤其某些男人對妳還不夠認識就開始大方承諾，更要小心！對方很明顯就是為了趕快上床；而女人說甜言蜜語則是為了確認彼此的交往關係，兩人所想的可是有天壤之別啊。

四、小心選擇見面場合和時間。

前陣子發生某導演性侵工作人員的新聞，男人認為彼此是兩相情悅，女人認為是性侵，因為男人認為妳都已經到我家了、一起喝酒，而且還留到那麼晚，這就是種暗示，代表妳也有意思、我們可以順理成章上床。

男人想上床時，會找很多理由自我解讀，如果妳不堅守底線和嚴詞推拒，對方就會自我合理化，認為發生性行為是兩情相悅的事。

女生通常想得比較單純，認為自己不過是一種友好的表現，不拒絕是因為她們怕你尷尬，本身是沒有邪念的，但等到這時候才拒絕，有些控制不住的男人根本就煞不住了！

記住，男人在床上說的話，有時候得打折扣，如果雙方還沒有感情基礎，那些話聽聽就好。和男人相反的是，女人到了床上比較不會失去理智，反而上完床以後比較容易認定對方，很容易為了愛做出奉獻，所以更加要慎選上床對象。

床上床下兩種情，如果妳還不是很愛眼前的男人，那麼記得，拒絕他爬上妳的床、別讓他輕易得逞，是保護自己又可以分辨男人是否真心的好方法。

issue 12

婚前遇到這三種男人，千萬不能將就！

女人一旦過了三十歲，歲月過得飛快，直到快四十歲都還沒遇到適合的對象，家裡開始急著催婚，自己也有點急了，周遭的人開始稱這些四十還未婚的女人叫做大齡剩女。

這些未婚的女人很多是屬於高知識分子、經濟能力強，她們年輕時不缺追求者，但是因為事業心強、眼界高，所以考慮結婚條件的門檻也比較高，畢竟結婚就是一輩子的事，有能力的女人寧可要自由，也不要束縛。

沒想到，拖著拖著就過了適婚年齡，等到想結婚時，發現身邊的異性竟然都換成離過婚的男人，要不然就是乳臭未乾的小鮮肉，適合自己年齡的對象，通通已婚了。

身邊有很多好友都是這樣變成了大齡剩女，現在她們開始急著想結婚，**但是越急越容**

易遇到渣男，因此奉勸這些大齡剩女要睜開眼睛看看，有三種男人千萬別將就：

一、媽寶男。

由於女人年齡的關係，很容易就遇到比自己年紀小的男人，我身邊就有朋友遇到小她六歲的男人，因為一開始朋友就告知對方以結婚為前提交往，於是兩人交往一陣子後，朋友想要確定男友的心態和結婚觀念，沒想到媽寶男東一句家人有意見、西一句自己還不適合婚姻來推託，偏偏朋友提分手後，媽寶男又一哭二鬧三上吊。

這類型的男人，真的不能嫁阿！因為結了婚除了多個老公，也會多好幾個媽，媽寶男的媽媽和家人，往往因為過度疼愛小孩，常介入小孩的生活起居，婚後妳不僅要和老公吵，可能也要和婆婆、大小姑吵，之前不是有個明星就有「毒姑之亂」嗎？這樣痛苦的婚姻，絕對不會是妳想要的。

而且，媽寶男不見得都是小鮮肉喔，我朋友就曾遇過四十好幾的超級媽寶，連該不該去女方家拜年，都要問媽媽，媽媽甚至還會幫他挑工作。所以媽寶男跟年齡無關，只長歲數、到老都不成熟的人很多啊，**通常他們都不太會照顧人，希望對方能夠照顧自己**，處理事情沒能力，結婚只會苦了自己。

二、小心愛自由的男人。

如果妳遇到一個男人四十好幾，長相不差、經濟能力好、幽默風趣，這樣的條件怎會沒結婚？答案只有一個，那就是**男人還定不下來！**他很喜歡搞曖昧、喜歡到處戀愛、酷愛自由，不想要為了一棵樹放棄整座森林。

如果妳遇到了，也千萬不要快速決定自己的終身大事，要知道事出必有因，男人婚前愛自由、不想為女人負責，婚後也絕對不會安分到哪去。

有個讀者年紀大約三十九歲，遇到一個條件不錯的男人，男人很幽默，事業和能力都很好，才四十歲就已經升到經理，讀者以為自己很幸運遇到一個好男人，對方體貼溫柔又很會甜言蜜語，兩個人交往半年，決定論及婚嫁。

沒想到婚事還沒談定，讀者就收到簡訊，發現男人早已有女友，而且這個女友已經交往好幾年了。讀者很難過，但也慶幸好險還沒結婚，否則問題更多，趁早死了心比較好。

三、離過婚且脾氣差的男人。

對這類型的男人千萬要小心，因為家暴男絕對不會在交往時就告訴妳他會家暴，如果交往時發現男人脾氣陰晴不定、有很強的控制欲，而每次和妳大聲爭吵後，總會道歉，表現得很可憐、希望妳原諒，這種態度和個性差距過大的男人，多半有家暴傾向，千萬不要心軟，認為對方一定會改。

很多被家暴的女人犯了一個很大的錯誤，就是對家暴的老公有很偏執的母愛情結，不斷的催眠自己：「對方一定會改過，這只是一時犯錯！」一忍再忍的結果就是一次比一次還嚴重，婚後如果又有了孩子，更會讓女人認為忍讓一切才能成全家庭，被家暴老公吃得死死的，造成自己多次被傷害。

因此婚前的停看聽很重要，脾氣差、陰晴不定、有動手前科的男人，千萬不要再給機會，我有個大學同學，學生時期交往的男友脾氣就很差，常常三不五時砸東西和罵人，找不到人就發飆，我們常勸朋友跟男友分手，但無奈就是愛到了。

果然，這男人婚後就開始家暴，懷孕時期朋友就被打，一不順心就常常挨揍，朋友為了孩子只能隱忍，但她常說如果當年有勇氣分手，就不會也讓孩子面臨可怕的父親了。

奉勸所有女生，遇到以上三種男人，千萬不要將就！有條件的女人，其實年齡根本不是問題，人生還很長、還有無限機會，哪知會不會轉角就遇到真愛？**前面四十年妳都不將就了**，何必最後妥協世俗眼光而害了自己呢？

issue 13

戀愛潛規則：男生報備行程很重要？

「喂！妳在哪裡？」女人查勤意味濃厚。

「我和朋友出來聊聊。」男人略顯無奈的語氣。

「為什麼沒有先跟我說？」女人生氣的怒吼。

這類情境是不是很常見？和朋友聊得正開心的時候，女友突然打電話來查勤，別以為五分鐘的解釋就能搞定，女人生氣時，可是得解釋半天才能讓她消氣。

每次男友忘了報備，女友總是會發火，男友連忙安撫一下，如果女人以為這就是最後一次抓到男友沒報備，妳可就想錯了！這種情況會一而再、再而三發生，即使男人知道忘記報備時女友就是會生氣，但偏偏男人還是持續的選擇性忘記，到底為什麼？

很多人覺得報備行程是相處中的一種尊重，讓對方有安全感是很重要的事；女人覺得有報備比較不會偷吃，男人應該要每天更新自己的行蹤，即使沒有照三餐打電話，起碼睡前要打電話說晚安，有些男人會覺得沒必要，不喜歡被掌控的感覺，但是對女人而言，這是一種在乎的感覺，因此只要男人忘記，女人**一不小心就會狂打電話**，讓男人覺得很討厭。

其實，報不報備是愛情交往時的潛規則，很多情侶都會習慣做到這些報備，最起碼可以讓另一半放心一點，可是我有個射手座的男生朋友就十分討厭報備，他覺得自由很重要，即使交往也需要有個人空間。

雖然報備這件事起源是因為愛對方、想知道對方在幹嘛以外，同時也希望對方多了解自己在做什麼事，想要達成分享的目的，可是不報備也不代表就是不在乎。

我有個朋友是電視台攝影師，拍攝時間非常早、採訪時間都很久，出外都要扛攝影器材，不可能隨時報備行程，總是工作結束後才打電話給女友，每次都換來吵架。

我會建議交往中的情侶要學會放寬心，如果另一半忘記，傳個簡訊就好，這樣才不會讓對方覺得很有壓力，想要逃之夭夭。

其實我以前也是會打電話查勤的女生，有些男友會習慣打電話跟我報備，但很多男生不見得會有這個習慣，畢竟男人本來心思就沒這麼細膩，他們總認為回來再說也可以，久而久之，就會讓彼此壓力很大，後來和奶爸交往時，我就改變自己，當一個不查勤、專注於安排自己生活的女人，沒想到奶爸反而常常打給我，三餐主動報備。

男人天生愛自由，妳抓得越緊反而讓他越想逃，我身邊有個男生朋友，因為工作時間很長，是個不愛報備的男人，沒想到遇到一位比他更不愛報備的女友，反而變成他天天報備了！有時候，這是一種互動的感覺，妳太緊迫盯人，反而讓愛情窒息。

愛情需要適度的距離和想像，如果妳堅持一定要時時刻刻知道對方行蹤，可能要開始思索一下，會不會是妳天生比較沒安全感？或是這個男人根本就沒有給妳足夠的安全感？

交往時的關心和分享是一定要的，但要用什麼樣的方式，我覺得是要根據彼此不同的個性找到平衡點，好好溝通出想要的方式，不要過度強迫對方。

最後，如果這段戀愛已經讓妳覺得很不開心了，或許問題不是出在於沒有報備，而是**你們根本不適合交往**，戀愛本來就是需要緣分的，沒有安全感的愛情，要學會放棄，而不是苦撐著讓自己痛苦！

issue 14

當男人說：「可不可以讓我靜一靜？」

交往從熱戀步入穩定期，很容易出現一種狀況，男友突然和妳說：「可不可以讓我自己一個人？我想要靜一靜。」

如果男友開始冷淡，說想要保持一點距離時，女人聽了當然很難過，並且拒絕他的要求，畢竟妳不清楚原因，也擔心這樣下去會導致分手，甚至想和對方吵架，找出真正的原因。

曾經就有很多讀者都問過我，當男友提出想要暫時分開一陣子、或是想要靜一靜時，到底該怎麼辦？每個女生都不想要分開，而且覺得很莫名其妙，感覺上禮拜還好好的，為什麼這禮拜突然這樣？什麼叫做想要靜一靜、分開一段時間？分開不就是分手？一段時間的意思是怎樣？

其實男人可能是覺得很煩、很不開心！初期對妳的不滿，他沒有說出口，或是他不喜歡的地雷妳一直踩，久了男人會想要暫停想一下，但又不確定是不是要真的分手？因此他需要一個人好好獨處、想清楚，如果妳又在旁邊，男友可能無法想清楚事情，因為他可能必須要顧忌妳的情緒，或是接妳電話、回答妳問題等等。

男人和女人想法不同，女人喜歡有人陪伴和分享的感覺，但男人喜歡獨處的時間比較多，他們偶爾會想要什麼事都不做、不想煩惱也不想說話，獨處對他們來說很重要。

就連奶爸從結婚到現在，也會有幾次想要獨處，他會等我和孩子睡著，一個人做他喜歡的事情，看看電視、看看電影，或什麼都不想，就只是坐在那裡放空。

所以如果男友已經強烈表達想要獨處一下，**不妨就讓他獨處吧！**

千萬不要為了這件事和他爭執或是生氣，因為當男人會提出這樣的要求，就表示對這段感情有點累了，如果妳又和他爭吵，他就會認為或許分手的決定是對的！因為和妳在一起只會爭吵，妳越逼他，只會讓情況越演越烈，最後走上分手一途。

他們提出要求時，妳可能要回想一下相處上可能發生了哪些問題？因為男人不會無緣無故想要一個人，除非你們相處上有問題，也許男人提過很多次了，但妳都沒改善，他需要思考一下你們的未來，對這段感情他感到有點焦慮和不確定，因此寧願一個人冷靜一下，也不想要直接和妳溝通。

男人提出這個要求，妳應該要先答應，答應了以後，再來想想要怎樣和對方溝通或補救？因為這時候是挽回的黃金期。在這段期間，千萬不要去煩男生、一直逼問原因，不要以為知道原因以後妳會改進，然後兩個人就可以和好如初，這是一種很不聰明的期待！

男生不太會因為妳想改過就願意和好，除非他還深愛著妳，但如果非常深愛，他就不會提出要冷靜一下了。當他提出，可能就是因為一直爭吵或是處處不適合，造成他對妳的愛已經有了裂痕，他需要喘息的空間來思考跟妳是否還有未來？

我一直認為面對這樣的情況，以不變應萬變是最好的方式。當男友說想要冷靜一下，妳就讓他好好想想，這時候的妳要當個完美的女友，去好好安排自己的時間、好好打理自己，不要憔悴又愛哭的挽回，要知道男人想逃避時，妳又一直哭鬧，**根本就是要逼他分手阿！**

想要重修舊好的第一步那就是若無其事的正常生活，甚至活得更精彩，到處出遊打卡、上課進修、約朋友閨密去看電影逛街，就是不要去煩他，他不聯絡，妳就不聯絡，等待男友主動找妳。

記得給他二個禮拜的時間，不要太長也不要太短，基本上，**如果男生沒有設定暫時冷靜的時間表**，就是個危機和警訊。如果他真的都沒找妳，之後找個東西沒拿的藉口見一下面，要讓他知道還有妳這個女友的存在，但見面時也別講太多話，要讓他見得到但又碰不到。

通常分開一個月以上要再和好是比較難，因此我都建議讀者二週就要試看看反應了，不要讓男友習慣獨處久了，反而會更想分手或直接變成分手狀態。

如果對方堅持就是想要一個人，那這段期間妳也要做好心理準備，畢竟這個冷靜期其實有點像是**兩個人感情的卡關期**，如果交往時妳讓對方的感覺很不錯，基本上和好是沒問題的；但如果交往時妳是個愛盧又愛哭的超煩女友，那和好的機率真的很低。

最後，要溝通時最好是講電話或見面，不要用通訊軟體溝通，畢竟文字是沒有感情的。

記住，好女孩不會當怨婦，妳要好好收拾好自己的心情，為自己安排點事情、轉換心情、做好最壞的打算，萬一無法挽回，漂亮轉身走開才是最重要的！

issue 15

穩定交往後的崩壞期

記得剛認識時，男生天天積極追求問候、天天熱線，滿嘴甜言蜜語，再忙再累也要衝去找妳、見妳一面才肯回家的傻勁，讓人感動。交往初期彼此都想表現出最美好的一面給對方看，直到交往一陣子，漸漸穩定之後，才是真正考驗的開始。

妳發覺怎麼聊天內容開始索然無味？對方常常電話講不到幾分鐘就急著掛掉，以前把妳當寶，現在把妳當草，對待妳就像是老夫老妻一樣，一忙起來就忘了妳這位正牌女友的存在，工作、打球、朋友通通都比妳重要！

我有個朋友最近就遇到這個問題，她覺得男友越來越怪，一上班就很少接電話，搞得她總是心神不寧的一直盯著手機，看男友到底會不會打來？有時候好不容易找到人了，男友講沒幾分鐘就急著掛斷，兩人總是為了已讀不回的問題爭吵不休，和以前剛交往時差別

很大，就算是穩定了也不該這麼冷淡吧？到底出了什麼問題？我幫朋友分析了一下幾個可能的原因：

一、女生缺乏自己的生活重心。

女人一談戀愛，就只有越來越愛的份，往往穩定交往後，會比剛認識時更黏、更依賴對方，相信很多男人都深有同感。

如果男友從穩定交往後越來越冷淡、甚至不想接妳的電話，那妳可能要仔細想一下，會不會是妳把所有的生活重心、人生重心都放在男友身上了？這樣龐大的壓力，會讓男人想要逃開，也完全失去談戀愛的美好。

二、話題無趣、語言乏味。

兩個人熱戀時什麼都能聊，尤其男生更是積極度十足，天南地北的亂聊，妳的任何回應，他都覺得很開心、很喜歡，穩定交往後，一來是新鮮感過了，那種讓彼此悸動的因素下降，除非你們真的很契合，不然雙方可能都開始覺得對方怎麼講話千篇一律、講的笑話也是一再重複？越看對方越無聊，對話也越來越乏味。

二來，發現彼此的差異太大，共同話題減少，聊天的內容大同小異，逐漸減少聊天的興趣，感情也因此開始降溫，如果不趕快發掘新的共同興趣，很容易從熱情轉為冷淡！

三、磨合不良。

交往初期，彼此都給對方最美好的一面，看到的都是優點，然而穩定交往以後，進入磨合期，這時候可能雙方開始覺得習慣和想法都不同，也容易出現磨合不良的問題，如果能夠度過這個時期，才能進階到相愛的程度，真心相愛才會有包容。

如果男友這時候認為和妳相處有很多落差，不妨好好和對方聊聊，把不愉快的點都講清楚。這時候是關鍵期，如果能夠講清楚彼此不喜歡的點、進而改善，就有可能長久走下去，如果實在無法克服差異，及早退回當朋友，也能減少拖延分手的痛苦。

四、缺乏隱密空間的陣痛期。

這點非常重要，很多情侶在穩定交往後，都會出現有一方想要靜一靜、想要有自己隱密的空間，但另一方很不能諒解的狀況，於是開始出現爭吵或搞失蹤，這時候算是陣痛期，原因多半是彼此信任基礎還不夠，而另一半又太黏、太沒安全感。

如果妳總是希望另一半交出手機來給妳看、三不五時要對方報告行蹤，自然會引起反效果，要知道男人最討厭不自由，很多女生也是，如果有個緊迫盯人的男友，恐怕架就吵不完了！穩定交往後想要的愛情是輕鬆自在的，如果妳總是讓對方感受到不自由，對方就會需要越來越多的隱私和空間，甚至開始冷淡。

穩定交往的情侶還可能會出現兩種想法：一種是可以繼續和這個人談談未來；另一種則是這個人可能不適合家庭生活，但是談戀愛無妨。

穩定交往後自然會想要走到下一階段，適合的話，對方就會把妳納入未來藍圖，如果妳讓他有壓力喘不過氣，那他對這段感情就會開始「停看聽」，而妳也該好好想想，真正好的愛情，應當是舒服、輕鬆、開心的，如果每次談戀愛都讓妳如臨大敵、隨時要注意對方行蹤、無法信任對方，那這個人和這段感情可能不太適合妳。

基本上，穩定交往後自然不可能時時保持熱戀的感覺，畢竟我們還是需要生活、需要工作打拼、也需要愛情之外的其他東西，彼此在崩壞期這個階段，應該好好重整生活和愛情，可以趁這個時候好好和對方聊聊，將自己的感情重新調整吧。

issue 16

想要男人疼的必學秘訣

每個女人都希望另一半呵護自己、關心自己，但往往步入婚姻後，女人抱怨最多的就是老公一回家只會滑手機、看電視，自己為這個家付出這麼多，竟然得到這樣的對待？

要想要男人疼、要讓他更愛自己，**有時候傻傻的付出是不行的**，要有些技巧和秘訣！能夠讓男人念念不忘的，通常都是需要照顧的類型，讓男人激發父愛的感覺，想要保護對方，以下幾點真的要來試看看阿～

一、凡事不要太強勢、太囉嗦。

當老婆的絕不能變成**「老公的媽」**！

妳可以發現男人最怕女人囉嗦和碎念，他喜歡的類型絕對不是很兇或很強勢的女性，

想要男人打從心底疼愛妳，記得說話時要注意一點、冷靜一點、溫柔一點，當妳一直兇老公、一直唸老公做不好時，別想他會變成王子一樣疼愛你，妳想要被疼愛，**就要像個公主的樣子**，溫柔而需要被照顧。

我有個男生朋友，有次交往了一個比較有個性的女友，兩人從早吵到晚，甚至吵架時，男生氣到直接把女友當街丟包，當然從這裡看男生的行為是完全不可取的，可是吵架一定是雙方都有錯，當男人在氣頭上，就不要再硬碰硬了！

兩人後來分手了，我朋友後來遇到了另外一個女生，對方很溫柔，我朋友天天把她捧在手掌心上疼，明明是同一個男人，遇到不同對象的態度竟然可以相差這麼大！因此要知道，**愛情中硬碰硬吃虧的只有自己**，大部分男人是吃軟不吃硬的。

我一開始和奶爸交往時，兩個人吵架，以我以前的個性當然是據理力爭，沒有錯為什麼要讓？但我發現幾次下來，我越爭辯，奶爸越火大，爭吵的場面也越來越大。

後來我冷靜思考，決定讓他，畢竟他脾氣比較差，我不讓的話只會更嚴重，之後吵架時他吵他的、我做我的事，從頭到尾都閉嘴，一個人吵架很無聊，沒多久他就冷靜了。

到現在我們的爭吵越來越少，或是我們其中一人會選擇離開現場讓另外一個人冷靜，如果當初我沒有選擇用這種方式和奶爸相處，或許我們就不會走到現在了。

二、千萬別放棄打扮。

天下沒有醜女人，只有懶女人，妳看看現在抖音醜女變身美女有多誇張，就知道打扮有多重要了。

女人在戀愛時會懂得打扮，想要給對方看到最美的自己，可是婚後不知怎麼了？特別是生小孩以後，女人就徹底放棄自己，一年中如果如果有一天化妝打扮，老公可能就會特別開心！

妳可以不打扮，可以說自己沒時間，**但別忘了外面可是有千千萬萬個妹子隨時都在化妝打扮！**即使不為了另一半，也要為了自己，妳不希望才三十幾歲就憔悴得像五十歲的歐巴桑吧？化妝打扮對自信心也是會提升的，當妳打從心底喜歡現在的自己、神采奕奕走出去時，旁人都會被迷倒的。

三、多多鼓勵對方。

這個場面有沒有很熟悉？常聽到很多女人在吵架時會罵男人：「你真的很沒用耶！連

這個都做不好，你到底還會做什麼？」

兩人相處如果都是這樣負面的話，感情怎麼可能會好？感情是互相的，如果另一半天天嫌棄妳、責怪妳，相信妳也很難和對方保持恩愛了。

每次跟奶爸出門，我朋友總會誇獎奶爸，認為奶爸是很難得的好男人！他超會照顧小孩，一打二好幾天都不是問題，但是沒有人知道，奶爸以前是非常討厭小孩的，就算是他自己的兒子，他也是個很沒耐心的人。

約在老大三個月大時，我發現奶爸很少照顧自己的兒子，於是只要遇到有意見相左時，我就會把兒子交給他，自己出去冷靜、散心一整天。

第一次回來發現兒子一整天只喝了一餐奶，但我忍住沒有發脾氣，反而對奶爸說你尿布換得很好，找個點來誇獎他。第二次我出去再回來時，發現兒子有正常喝奶了，我就卯足了力一直誇獎他，認為他是個好爸爸。

接下來，每次只要讓他照顧兒子，我就會鼓掌和誇獎他，隨著兒子漸漸長大，現在是我們母子三人都會起立鼓掌感謝爸爸，給他滿滿的讚許和肯定，長期下來，奶爸也越來越把照顧兒子當成他的責任。

很多時候男人不照顧孩子，主要是沒有培養責任感，就像妳從沒訓練兒子做家事、每天幫他做得好好的，等到兒子長大了再來怪他，怎麼都不會做家事！這樣有用嗎？

如果妳想要這個男人幫妳做什麼，那麼就適時的把一些事情安排給他，做不好沒關係，起碼有做。男人最討厭的就是，妳要他做，做不好妳又生氣，他們心裡會覺得那乾脆都不要做，所以適時誇獎自己的男人，是很重要的一件事。

感情會不好，往往都是由雞毛蒜皮的小事累積起來的，這些小事平常看沒什麼，可是只要態度不同就會造成不同結果。像是尋找吃飯地點，常常找了餐廳又被嫌棄找的不夠好；拜託他做事，沒做好就被妳罵，這些不愉快累積久了，雙方情緒都不會太好，女人都愛聽好話，男人也是，外面的野花雖然沒有家花香，可是野花通常很會誇獎男人，她會塑造男人的英雄感，讓他們充滿自信心，讓男人覺得擁有被欣賞和被肯定的愛慕之情。

如果妳還想要和另一半維繫好感情，真的要做到這三個秘訣喔！

issue 17

情侶們注意！破壞感情的六種行為

情侶交往久了，熱戀的多巴胺開始消退後，雙方逐漸出現摩擦。本來相處融洽，每天都想見到對方，後來則是看到對方就覺得礙眼，只要開口說話就嫌吵雜，以前可愛的小吃醋、小脾氣，都變成無理取鬧的神經病！

這樣互相嫌惡下去只會讓感情岌岌可危，所以如何維持相處融洽以及減少摩擦，以下情侶間的六種行為千萬要避免！

一、把對方當隱形人。

某次有個朋友向我抱怨，和男友好不容易找到時間看場電影，男友卻從頭到尾都在滑手機，感覺很差勁！難得假日約會，彼此講的話不超過十句，久了沒有更新雙方的生活動態和話題，感情自然疏離。

每個人應該都常看到這種情景，一對情侶吃飯，彼此都在低頭拚命滑手機，千萬別讓對方覺得自己比手機更不重要！生命短暫，該珍惜眼前的人更甚於虛擬網路。

二、翻舊帳，愛鬧小脾氣。

女人和男人的差異很大，女人在交往時，喜歡內心戲，會自己編出一套劇情，對方只要一個動作和以前不一樣，就緊張得鬧脾氣，覺得對方不貼心、變了，疑神疑鬼的下場就是讓對方覺得厭煩。

記得，沒有人喜歡天天哄對方、忍受對方的小脾氣，再好的男人都會累！想要好好經營感情，首先是要信任對方，別再胡思亂想，脾氣穩定、個性穩定，才是相處之道。

三、做比較。

千萬別拿別人和自己的情人比較，尤其是舊情人更不行！有個朋友曾經交往一位男友，這個男友大她七歲，交往時男友已經出社會工作很久了，朋友還是學生，男友三不五時就會對她說，要她去買些新內衣，好看一點的，像他的前女友都會穿很性感的內衣，女人就是要有女人味……之類的啪啦啪啦一堆意見。

朋友那時候傻傻的，覺得好像哪裡不對，但是當下沒什麼反應，後來細想才發現男友這樣很過份，不但嫌她，還拿前女友來比較！那陣子兩人常為了這件事吵架，最後撐不過半年就分手了。

四、吵架時容易意氣用事，死不道歉。

吵架先低頭不代表認輸，反而是愛對方的一種表現。懂得先道歉與對方和好，才不會彼此都為了意氣之爭而冷戰或爭吵，吵到感情都沒有了，才知道後悔。

愛情禁不起一再爭執，遲早會磨光彼此的愛，我們在親密的人面前，姿態不需要太高，他是你愛的人，不是仇敵，不需要處處爭論輸贏。

五、黏得太過火，不給個人空間。

這是很多沒安全感的女人時常出現的問題，長期沒安全感，不給對方空間，最後男人被拋下一句：「我們不適合，我需要獨自靜一靜。」靜到最後就分手了。

感情世界裡的安全感是自己給自己的，懂得經營自己很重要，給對方一點私人空間，也給自己一點私人空間，才能一直嘗到愛情的甜美。

有個網友和我說自己常常沒有安全感，交往時會每天想要黏在男友身邊，男友只要一通電話沒接，自己就會胡思亂想，好似世界末日一樣。她知道這樣不好，但她不明白怎樣可以改善？一直認為是男友沒有給足安全感才會讓她常常亂想。

我問她，男友有天天陪她嗎？她說有是有，但是男友上班時間很長，她打電話常漏接。

那麼問題就是出在她身上了，漏接不代表有問題，當自己沒辦法給自己安全感時，就會造成別人的負擔，所以，應該要重新思考自己生活的重心以及定位，建立更好的自己，就不會老是患得患失了。

六、說話和回答都很敷衍。

這樣的行為最容易造成衝突！因為一旦對感情怠惰、敷衍，就很容易失敗。

我曾經和奶爸吵過很無聊的架，那就是不知道要吃哪間餐廳，我看到招牌跟他說，要不就吃燒肉？一連講了五間餐廳，他都興致缺缺很敷衍我，最後還嫌我不講快一點，車子都開過去了才說，我一聽整個就火了！

兩個人講話最討厭就是敷衍，要決定事情或是想要分享事情，如果對方很敷衍的態度就會影響感情。當你們需要溝通的時候不說、需要聊天的時候一直敷衍，久了對方也提不起勁來溝通了，感情於是開始疲乏。

對方需要意見時，總是回答隨便或是無所謂的態度，都會引起反感。沒有人喜歡持續的主動，有時候還是需要化被動為主動，參與意見和回應，才能夠讓感情持續。

issue 18

上床後，兩人的關係突然終止

曖昧有個灰色地帶，那就是還沒有確認彼此的關係，但一不小心跨越了界線、提前上了床，常會發生一個問題：上床後，兩人的關係突然終止。

妳可能曾經和曖昧的男人在約會後，很自然的上床了，但是沒隔多久，就發現男人對妳不再積極、不再追求，甚至開始疏遠，到底為什麼會這樣？常常聽到很多女生抱怨：「男人怎麼這麼渣？上床後就冷卻搞消失，會不會是我太早跟他上床了？」

男女對親密關係這件事的看法和心態，本來就完全不同，女人即使在曖昧階段對男人還有疑慮，也會因為發生關係而開始認定對方，並且馬上投入感情，但男人卻相反。

女人很難理解，性慾對男人是重要的，就像是一直在追逐的東西，終於到手了，到手後的興趣和熱情突然降低，**男人的腦子開始有了理智**，變得比較清楚，畢竟男人是獵人，本性喜歡追逐獵物，追到手快感就開始降低；然而真正讓男人改變想法的，或許是你們彼此對於上床的看法。

男人本來就比較容易受到小頭控制，男人可以很理智的把性與愛分開，很多女人上床後會認為彼此的關係已經確定，開始覺得這就是交往，進而和男人一再確認很多事情。

男人不像女人，很多時候男人純粹就是沒辦法克制慾望，就像好吃的甜點擺在妳面前，很難不心動吃掉它！或許他上了床後，覺得還不如停留在曖昧階段比較美（甜點擺著看比較可口）、或許是他還不夠喜歡妳，因此他一覺得受到限制，立刻就冷卻了。

如果上床後關係變調，那妳也不必難過，因為這男人可能本來就是為了性而接近妳，還有一種可能就是，**上床後妳的心態也有了變化**。

曖昧期妳可能高高在上，很多事情懂得拒絕、擺出姿態，顯現出極度誘惑的神祕感，然而一旦上了床，妳認為關係已經確定、自己是對方的女朋友了，很多事情需要掌握，於是變得變得太黏、變得理所當然，曖昧時的神秘魅力蕩然無存，男人自然瞬間冷卻，只想逃之夭夭！

之前有個朋友來找我哭訴，原因出在曖昧對象和她往來一個月，本來一切都很美好，但兩個人在某次約會後上了床，男人自此完全消失！朋友常常打電話來哭這男人很渣，曖昧根本就是為了上床吧，上完床人就消失了。

男女大不同，男人可以為性而性，因此男人是有可能上床後瞬間清醒的！而女人則是上床後依戀度大增，對這男人的認定更死忠，認知相差十萬八千里。

很多女人會發現，本來以為上床後兩人關係更進一步，從此女友地位確認，就開始幸福地展開戀愛，沒想到男人卻變得沉默、若即若離，甚至假裝沒發生過這件事，到底男人是不是只想上床打砲而已，從沒對她動過情？

我想答案出在於，你們對於上床的認定根本不同，女人用上床確認關係，男人卻認為曖昧後上床最自然不過了，甚至他尋找獵物曖昧，就是為了上床！**給女人被追求的感覺，更容易得手**，因此並不會覺得這就是要交往的意思。

所以越是在曖昧階段，女人越要保持清醒，如果真是兩情相悅也不急於一時，如果妳怕拒絕男人就會離開，那這樣的男人也不值得留戀，正好趁機刷掉只想上床的爛男人。

性愛對男人或許很重要，但至少要有點品（格）吧！如果因為妳不給他就生氣惱怒、甚至開始冷淡，那恭喜妳，根本可以把他直接三振，這時候他到底是好男人還是渣男，可以看得更清楚。

再來，如果每次妳都認識很短時間就輕易上床，也會給男人一種錯覺，妳會不會都是這樣談戀愛的？**妳吸引來的男人都是只想打砲的**，也就不奇怪了。既然想要穩定交往，何不給好男人一個機會？曖昧之後先從當朋友開始，好好的認識和了解彼此再來談性，不上床好男人也不會消失的。

issue 19

沒有刁難，考驗不出真愛!?

最近發現我身邊沒有嫁出去的女生朋友比男生朋友還多，而且這些女生各個條件都很好，長的也很不錯，但每次聚會她們都很哀怨，因為又結束了一段感情，難道想結婚這麼難？

到底是因為沒有遇到好男人？還是因為每次戀愛都用相同模式，導致一再失敗、一再的受傷？我認為絕大多數原因應該就是**「沒有被愛的自信和自覺」**。

她們一直都不夠了解自己想要的和適合的是什麼，在愛情裡，一直用同一模式去談戀愛，但每個對象都是不同的，愛情模式和語言也是不同的，用同一種模式去面對不同的人，所得來的結果就是一樣的，那就是失敗，而且也受傷！

我發現這些渴望結婚的女生朋友，大多個性都不是直來直往型的，有想法時也習慣先

放在心裡，她們在戀愛時容易發生同一種情況，那就是不習慣把自己的想法和另一半溝通，因為沒有被愛的自信，因此不敢說出自己的需求和渴望。

像是，她覺得想要一起慶祝節日，但希望由對方來邀約，而不是自己主動提，或是她想要對方說一些情話時，卻從未告訴對方，而是悶在心裡，希望對方自己表示。

她們習慣把心裡真正想要的東西隱藏起來，卻又希望對方知道她想要什麼而照做，這其實是強人所難！兩個人在一起會遇到很多繁瑣的事，生活已經夠累了，如果又要另一半天天猜心，自然會讓男人疲乏。

這些女生還有一個問題，總要對方犧牲時間來陪她、關心她，不然就是不夠愛。她們通常比較自我中心，加上沒有戀愛的自信，**所以需要從對方那裡證明自己值得被愛**。

她們總認為，愛一個人就會有所犧牲，因此每段戀愛都希望對方有一些犧牲來配合自己，一旦對方沒有照做，就會感到不安，不確定對方的愛到底夠不夠真誠？當對方稍微沒有即時回應她們、沒有配合她們「演出」，她們就會認為對方變了、不愛了！

但是，或許對方和妳的表達方式不同，並非不夠愛妳，不應該以自己的想法角度去猜想。我有個女生朋友就是這樣，她的前男友工作非常忙，常常要開會，一開會手機就不能接聽，畢竟誰敢在老闆的場子上接女友的電話？可是朋友只要男友一沒接電話，就會不安的胡思亂想，把所有最壞的狀況都想過一遍，兩個人時常為這點瑣事在爭吵，幾次下來男人就提分手了。

再來，無論是情侶或是夫妻相處要融洽，有個重點，那就是需要**邀請與回應**。例如男友對妳說：「嘿，這部電影我最喜歡了。」如果妳的回應是：「那部超無聊的，我才不要看！」那就不是正確回應的方式，如果是：「好啊，那我們來看吧！」或是：「我聽人家說其實沒那麼好看，我們要不要先來看這一部？聽說非常賣座喔！」這就是正確的回應方式。

不是要妳假裝，而是對方也會陪妳做一些他沒興趣的事，所以妳對於對方的期待，不要總是潑冷水！一段關係好不好，就是看你們如何回應對方，每個人都有被回應情緒的需求，如果妳總是冷淡以對，自然就會讓對方失去熱情。

愛情失敗的原因有很多，但我覺得關鍵點就是自己的心態不正確，假如妳的心態總是不正確，那麼就算條件再好也沒用。

issue 20

不要再聽別人說她家男人的好話了！

你是否常會聽到這類型的談話？例如朋友A總愛在聚會場合中誇獎男友對她多好又多好；朋友B炫耀老公總是帶她出國、買名牌，反觀自己，常常和男友吃路邊攤，每到節日，男友總是裝失憶，出去約會要花錢的時候，男友就開始談到未來規劃，意思是能省則省，要先存錢買房子才能結婚，無法盡興安排約會節目。

當妳腦袋出現各種兩個人相處情形的時候，就忍不住拿來比較，越比較越辛酸，自己值得更好的男友或老公啊啊啊～

但是我跟妳說，快告訴自己：**「停！別再想了！」**是的，停止比較吧。

妳要知道，每個人的相處情形本來就不一樣，更何況，身邊多少都會有這種愛誇耀男友或老公對她有多好，**以賺取大家羨慕的朋友**，但是真相真的是這樣嗎？有人只是虛榮而已，並非是真的，過節能天天過嗎？買名牌能天天買嗎？吃大餐當家常便飯嗎？莫非男友是富二代還是企業總裁？妳朋友羅曼史看太多喔？

不需要拿你們的情況去比較，每對伴侶都有各自不同的相處情況，像老公很愛我，但他絕不會拿買名牌來討我歡心，因為他很了解我喜歡什麼，一束花就能讓我感動很久。

試著去想想對方的優點，畢竟相處情況不同，外加妳看重的條件可能也和妳朋友不同，我有個朋友和家人感情不好，於是他找的對象是和家人相處愉快、人緣好的女生；另外一個女生朋友她找的男生類型是開朗活潑、重義氣、人緣好，和她稍稍孤僻的個性有所不同，有沒有錢反而不是重點。

我一直認為找對象，對方要有一些是妳所沒有的特質，而這個特質妳會一直欣賞**（錢除外）**，這樣子就能長久，妳不擅整理，就找個會整理的人，並且能夠有條不紊的把所有東西收拾好，好到令妳佩服的人，如此才能走的長遠，如果眼前的人沒辦法讓妳佩服和欣賞，如何能繼續走未來的路？這些都比錢重要多了。

像我和奶爸一個很宅、一個很愛外出，兩個截然不同的人交往，自然有所摩擦，**然而**

交往不是要改變誰、磨掉誰的脾氣，而是盡量找出彼此相同的點，僅僅一點就足夠！

我們最後找出的共同點是：熱愛工作！我們可以一直討論關於工作的觀點而不疲憊，在一起越久後，我們一個互減一點、一個互加一點，反而變得很融洽，他後來變得沒那麼愛跑出門、我也不會每天都宅在家了，找出適合彼此的方法，這才是相處。所以別擔心和對方的差異，很多人就是如此擔心，還沒有試著彼此磨合時，就先喊放棄，認為彼此不適合。

每個人都是不同的，千萬不要急著抱怨和吵架，或是希望改變對方變成和自己一樣，**沒有人能夠成為第二個妳！**如果妳想改變兩人的相處模式，妳喜歡的就不是自然的他，而是想像中的他了。

你加一點、我減一點，多為對方著想，比較能夠細水長流，越是在意越是計較，越不容易快樂，與其要求對方也要像別人的男友一樣，不如自己轉念，愛情有時候是種水到渠成的緣分，真有緣才會湊對。

兩人在一起很幸福，那些計較抱怨都是無聊的事，人比人氣死人，妳拿自己男人去比有沒有錢，男人也可以拿妳去比誰的女友美，不是嗎？生活中沒有那麼多的比較和計較，在一起開心就好。

issue 21

當女友說：「誰比較重要？」

對比男人，女人的比較心比較強烈，像是跟舊情人比較、跟男人的工作比較、跟男人的哥們比較，很愛問，你愛我哪裡？你媽和我掉到水裡，你救誰？稍一回答不對就會引起爭吵。

講一個常遇見的問題，有些男人喜歡打電動，一打起來就什麼事情都忘記、什麼都不管了，女人會覺得男友打電動就是不愛她，於是常問：「電玩和女友，誰比較重要？」

有個女生讀者，就很受不了男友一直打電動，平常兩個人上班已經很忙了，偏偏放假男友還是繼續打電動，讓她很生氣，覺得不受重視，兩人為了電動的問題已經吵得不可開交，差點分手。

其實，這就和女人喜歡看韓劇一樣，妳看韓劇時，也絕對不想要男友在旁邊吵，我們總是需要一個管道讓自己放鬆，脫離現實世界一下，男人也是一樣的，打電動是一種消遣和愛好，只要不過度沉迷就好。

像我老公很愛看電影，我會配合他看愛看的電影，兩個人在一起後最重要的就是培養聊天的話題，要知道對方在看些什麼、想些什麼。

我習慣每天看書，某次老公特地租了一片光碟，跟我說：「我每天看妳都在看這本小說，電影終於有了，我想要知道小說到底在寫什麼？」

聽了真令人感動，因為我和老公的興趣不同，他討厭文字，尤其是很多字的書，但我超愛看推理小說，同一系列好幾巨冊我都可以啃完，而想要相處的好，那就是建立共同的興趣，所以我們常常找些好片來看，看完後會討論一下心得。

當男友打電動時，與其自己在旁邊生悶氣，何不陪他一起打？既然改變不了他，不如趁機了解對方在幹什麼，培養能夠一起討論的話題，妳不一定要一起玩，但可以試著了解對方在玩什麼。

每個人即使談戀愛或結婚，都會想要有一個人的時候，或許這是他們放鬆的管道，電玩世界中人人都是英雄，你可以選擇自己想要的配件和目的，這在現實世界中是不可能的，男人都有個超級英雄夢，而且打電玩的成就感很不一樣，這是我在兩個兒子身上看到的，沒有人教，他們自然就會喜歡超級英雄、電玩類的東西，和我們女生相比，興趣差很大。

尤其老大從幼稚園就開始了，和班上的小女生玩的東西很不一樣，這是天生的，我也很難理解，為什麼男生就這麼喜歡車子、電動和超級英雄？但我會為了兒子也會陪他們玩、和他們討論，媽媽對兒子就會多一份包容和耐心，但是如果角色換成是男友，可能就會大發火！

高中時我也迷過電玩，曾經連續玩一個禮拜，就是為了要升級，看到自己一關關打敗壞人，就覺得有無限的成就感，也可能是那時候課業壓力大，加上同儕間大家都在玩，自然而然就會跟著玩，男人也是。

男人大部分心裡都住著一個小男孩，好奇心很重、喜歡視覺上的刺激，因此電玩如果不是沉迷到太廢，就不要再為了這種事吵架了，他們也很渴望另一半的理解和包容，就像妳迷韓劇男主角迷的不得了，但男人可能覺得超白癡的。

當男人打電動時，女人也可以和姊妹聚會、可以去逛街買衣服，各玩各的，雙方約定好一個時段，彼此互不干擾，等到結束後在一起出去約會就好了。

如果還是無法接受，那下次換一個不愛打電動的男友吧，不打電動的好男人也很多啊，就像還是有不迷韓劇的女人，所以何必吵、何必硬要男友做出選擇呢？妳來選吧！

issue 22

偽單身男人

有些男人看起來十分老實，相處起來很輕鬆，好像什麼話都可以跟他說，彼此的關係正朝向下個階段時，愕然發現，對方居然已經已婚了！令人匪夷所思的是，既然已經結婚了，為什麼還要偽裝單身跟女生聊天、釋放曖昧訊息？

我有個射手座男生朋友就是如此，他天生愛好自由，無論何時聚會或是認識新的朋友，總是有意無意讓人覺得他還單身，一直以來的感情世界都讓人霧裡看花，不喜歡跟大家討論他的感情，也從不帶女友出門，可我們明明就知道他有一個愛情長跑多年的女友啊，但只要沒有鐵證戳破他，他就打死不會認。

這些刻意偽裝成單身的男人，言談或是行為中跟單身男人沒兩樣，毫無顧忌的和女性朋友來往、約會，**到底他們為什麼要搞得像雙重人格呢？**

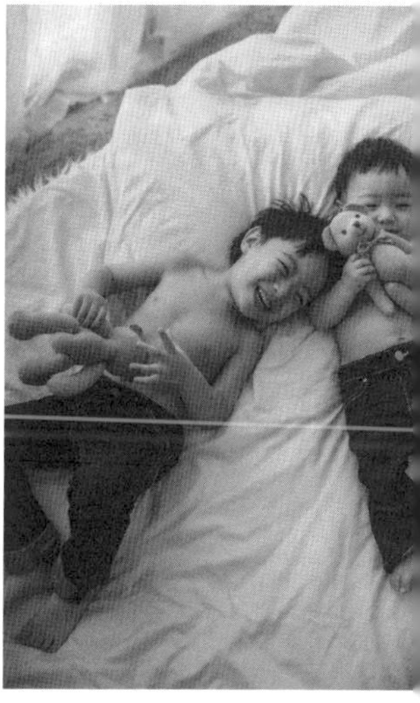

一、害怕寂寞。

這些男人有個共通點就是害怕寂寞，他們平常就喜歡熱鬧，就算結婚了，他們喜歡的氛圍還是朋友很多、到處認識新朋友、和女生搞曖昧，害怕被家庭的不自由綁架，於是出外總是偽裝單身，在他們的內心深處，家庭是家庭，在外玩是另一回事，從來不把責任放在心上。

他們只在意自己的隱私，不在意另一半的感受，喜歡開心玩樂的感覺，明明有女朋友，還是和新認識的對象表示自己很寂寞，想要有人陪，骨子裡就是怕寂寞的花心男！

二、喜歡被人擁戴的感覺。

身邊有個例子，是朋友的朋友，男友是攝影師，是比較自戀類型的，喜歡上傳自己的帥照以及身材照，雖然已經有女友了，但版上從來沒有出現女友的蹤影，也從不 TAG 女友，私底下已經偷吃無數次了。

這種類型就是比較自戀一點，喜歡一直有人喜歡他們的感覺，喜歡和小女生搞搞曖昧、玩一玩，總是和自己的另一半各過各的，他們不公開感情世界，主要是為了保持受歡迎的感覺，只要有好玩的趴或是單身聚會，必定參加。

他們心態上就像個長不大的男孩，害怕家庭、害怕責任，在工作方面，**認為單身更好塑造形象**，因此總是不承認自己有女友或老婆，也因為這樣的形象，很容易有女孩子投懷送抱，尤其是攝影師，機會更多。

三、另一半不符合他的條件。

很多男人戀愛談久了，就覺得無趣，沒辦法從另一半身上獲得滿足，於是會趁空找其他女人填補心靈空虛。然而這類型的人不見得會想分手，對他們而言在家的那一位是一種安定象徵，他們會渴望從外面尋求刺激和滿足感，玩一玩再回家。

這些男人不外乎就是還沒定下來，他們不覺得談戀愛需要一對一，也不覺得聊聊天、搞搞曖昧是很嚴重的事情，往往就是這樣的心態才會造成他們一直劈腿。

我身邊有個朋友她老公就是這樣，他總是會在線上和小女生聊天，搞曖昧，每次被抓包就說：「我們只是線上聊天而已，又沒有發生事情，何必大驚小怪？」他覺得家庭生活很乏味，給他很不自由的感覺，通常說這種話的男人，不是不會搞什麼，而是時間早晚問題而已，對他的劣根性，別想說一次原諒就能了結，最後的結果往往是持續的被抓包、原諒、又外遇。

四、逃避心態。

還有一種男人是逃避現實生活，他總覺得現實生活讓人痛苦，只有隱藏在線上、交友軟體，以及玩樂中，才能獲得開心。

他們總是騎驢找馬，不滿意自己的生活，想要尋求更完美的生活、尋找更完美的伴侶，但往往事與願違，畢竟每個女人都一樣，一旦步入家庭、生小孩以後，都會改變。

他們對老婆和女友的定義不同，常會和剛認識的女人說，自己單身、渴望愛情，讓有些女人不小心變成小三，久而久之放了感情，即使知道男人已婚，也離不開了，這類型男人長期隱藏已婚的狀態，削弱對家庭的責任感，同時傷害兩個女人。

所以奉勸女人們，一旦覺得認識的男人不對勁就要小心，例如一到假日就失聯、常會不接電話也不回電，或常常約會到一半要跑開去接電話，跟他聊到家庭狀況和未來計畫就顧左右而言他，通常都是另有家庭或有其他女友，所以他們很多時候都不方便，尤其是假日，可能必須要陪伴老婆孩子，不能接妳的電話。

即使妳真的願意等這個男人，也得小心日後他會這樣對妳，畢竟這種偽單身的男人，本身道德感和責任感就比別的男人少！**就算有一天他願意娶妳，結果可能也不會太好。**

issue 23

看穿男人不跟妳結婚的暗黑心理

身邊有個黃金單身漢朋友，年齡超過四十五歲仍舊不婚，身邊所有同年齡的朋友都結婚生子了，每每看他形單影隻都勸他早點成家，但他聽了總是笑笑，並和我們說他不願意承諾女友的原因。

曾經他也渴望和深愛的女友結婚，可是交往到後面，他就會覺得這樣的生活已經索然無味了，如果又步入家庭，豈不是只會更悲慘？這不是他想要的生活。

尤其，他覺得看一個女人看她媽媽最準，一想到自己的女友最後也會變成一個愛碎念、愛抱怨的家庭主婦，他就瞬間清醒！

男人和女人不同的地方就是，男人比較沒有結婚年齡以及生育年齡的壓力，所以大部分都是女人和我抱怨自己的男友不想要結婚、給承諾，到底為什麼交往到最後，男人總是逃避婚姻？

如果男人遲遲不肯給妳承諾跟妳結婚，有可能也是最重要的一點那就是：**妳不是他想要結婚的對象！**他無法想像妳成為他老婆的樣子。再帥、再愛玩的男人總會遇到一個**剋星**，或許剛好就不是妳。

男人不想結婚，還有一個原因就是：**現在是不對的時間。**時間點不對，男人還沒有堅定想要共組家庭的信念，妳越是逼婚，他越是反抗，最後只有分手一途。

有一位男生朋友，大約也快四十歲，事業和相貌都不錯，卻遲遲不想和女友結婚，所有朋友每年都詢問一次，得到的答案就是：「還不想這麼快承擔家庭責任。」

他認為交往和結婚是兩碼子事，交往開心不代表結婚就會開心，對他而言，內心還沒非常認定女朋友是未來結婚對象，所以就邊看邊等，他想要等到那個動力和推力出現，才會走入婚姻。

熱戀時，每天都想黏在一起，然而交往久了，兩個人從情人變成親人、親人變成老夫老妻，加上如果又有同居，其實你們早就在過婚姻生活了，這樣的感情很容易走下坡，他心中認為這已經是婚姻生活了，**如果沒辦法讓他覺得婚姻能夠有更多好處**，男人是不會輕易的步入禮堂的。

交往還能夠分手，一旦走到家庭，離婚是不容易的事情，除了要知會所有朋友，還得要和家人溝通，男人會擔心不適合時無法抽身，畢竟夫妻能夠相處下去，不一定是因為愛，而是因為彼此很適合、也能包容對方。

再來，遲遲不想跟妳結婚的男人，他們可能是比較自私的，**還不能包容妳所有的缺點、不夠愛妳的全部**，也不願遷就家庭生活。

很多崇尚自由的男人，覺得結婚是件麻煩的事，充滿束縛。對他們而言，可以自在的出門、輕鬆的約會才是生活，結婚後妳可以掌管他的行蹤和生活，甚至是錢財收入，對他來說結婚只有負擔而無好處。

總歸來說，男友不想結婚，背後真正的原因可能就是他的情淡了、還不夠愛妳，愛到可以共組家庭的程度。

妳會問：「那為何不分手？」因為，他也沒有到很不喜歡妳的程度。

而且兩個人的生活已經是種習慣，做任何改變都會有過渡期，不管喜歡的深不深，分手還是會傷心，所以男人會逃避眼前的狀況繼續拖著；還有一種男人可能是因為太懶，懶得結婚、也懶得分手、懶得做決定，什麼都無所謂、什麼都拖著，**他們也許拖到下一個目標出現，很快就會離開妳了。**

這些人還算是好的，甚至有聽過渣男跟朋友說：「有免費的砲幹嘛不打？能吃就吃，分手搞不好還要面對一哭二鬧三上吊，乾脆就耗著吧，耗不下去，女生自己會閃。」

是不是很糟糕？沒錯，男人有很多種，不管遇到的是哪一種，總之看穿了他們心理，對於沒誠意許諾妳一個未來的人，如果不想繼續等待，就快刀斬亂麻吧！畢竟這樣拖下去，只會拖到妳的青春而已，對他可能根本沒差。

issue 24

只有「疼」這件事，對方完全無法假裝

我有個朋友，長得非常漂亮，五官精緻、身材姣好，個性廚藝臉蛋樣樣好，而且又很會賺錢，堪稱完美典範，但是感情運卻始終不順，總是愛上不對的人。

年過三十五歲的她想要找終生伴侶，步入人生的下個階段，認真談戀愛談了一年多，覺得對方很貼心，總是照顧她，對她也很大方，從不會限制她，她以為自己終於遇到一個好男人，但是天生對愛少根筋的她，平常都沒發現男友有時候會不接電話、連續幾天沒出現、假日總是沒空居多，她會體貼的為對方找藉口，因為工作忙嘛！

直到有一次無意間從男友手機發現有其他女人的曖昧簡訊，才知道男友有個交往五年且論及婚嫁未婚妻了！自己當了無辜的第三者。

對方一再解釋和未婚妻考慮分手，感情早已變淡，雖然朋友不想傷害另外一個女人，但彼此有了感情，無法說分手就分手，沒想到一拖就拖了三年，一直愛得很揪心，最後還是男友說分手，他選擇原來的未婚妻，幾個月之後就步入禮堂。

朋友虛耗了青春，最後悲慘得被甩，她有做錯什麼嗎？唯一的錯就是太容易相信男人的話！錯誤的是男人，但傷害到兩個無辜的女人，這樣的男人絕對不會只有一次，未來仍會繼續傷害其他人。

有時候大家會把錯怪到第三者身上，從來沒有想過一個銅板拍不響，可惡的花心男人沒有把持好又欠缺道德感，才是出軌外遇的原因。

身邊有很多結婚數十年的男人，他們對家庭有責任、對妻子專一，心裡明白一旦不小心，失去的會是整個家庭的幸福！拒絕誘惑首先就是不要讓自己有機會接近誘惑。

男性友人說，**不要讓自己有機會單獨私下接觸異性**，是讓老婆放心的一種方式。既然選擇進入婚姻，就要懂得讓老婆放心，學會滿足很重要，大部分外遇的男人都是不容易滿足，有了一還想找二、有了二又幻想三！不斷的出軌是一種病，看不到身邊最美好的事物，始終活在不滿足的心態中。

這些男人何必冠冕堂皇的打著愛之名，實則糟蹋兩個女人的人生呢？女人，別再困在歹戲拖棚的八點檔中了，一個小三是不會得到幸福的，該生氣的是那個嘴裡說愛妳，懷裡又抱別人的爛男人啊！

只有妳自己看得最清楚，也只有妳才能決定走出來，別再讓希望與失落占據了人生。

很多女性朋友婚前定的條件，要長得帥、要有幽默感、要有才華……如此生活才不會無聊，雖然最終挑選的不一定符合條件，然而相同的都是嫁給一個疼愛自己的人，只有和肯疼愛妳的人相處，才不會痛苦和孤單，才能相處融洽。

有個朋友也是個大美女，總是愛上壞男人，夠帥夠有才華、會彈吉他會說笑話，然而交往時經常手機不接、約會偶爾會晃點對方，和他在一起感到心力交瘁，時時要擔心男友是否不夠愛她？

遇到工作挫折，是姐妹淘在身邊陪伴度過，因為怕不好的情緒影響男友，姐妹們常常會對她怒吼：**「妳交這個男友有什麼用？」**交男友當然不是要把對方當苦力、當垃圾桶，但是兩人要有能夠陪伴彼此共度挫折以及分享的共識，如果只有單方面經營，這不是戀愛，是苦戀、是自虐！

看男人並不是只看工作表現、社會地位，即使選了一個老闆級人物，人人敬仰、家財萬貫，然而婚後忙於工作，只顧著應酬交際，對家中事物以及老婆都不理不睬，這樣的婚姻也不是妳想要的。

一個願意疼愛妳的人，自然也會願意付出和包容，這比所有條件來得更難得。脾氣和個性都可以假裝，**只有「疼」這件事情，對方是完全無法假裝的**，妳可以發自內心體會得到，從小細節到大方向都能知道。

姐妹們，好好選擇一個肯疼你的男人，至於其他條件，先放一邊吧。

issue 25

分手不難，不過是轉身離開

收到讀者的訊息，她說自從男友提出分手之後，她總是不停的看手機、不停地落淚和等待，放空幾分鐘後又繼續期待會有男友傳來的簡訊，內心暗自拜託老天能讓事情有所轉圜，但最後男友仍舊堅持要分手，讓她崩潰痛哭好幾天，彷彿整個人被世界拋棄了一般，再也看不到希望。

分手真的是很痛，失戀的人總是天天抱著手機等待簡訊或電話響起，然後開始猜想對方是真的不愛了嗎？到底有沒有收到簡訊？有收到我願意改過的訊息嗎？到底還有沒有一點點留戀呢？

然後**下一秒鐘又對如此搖尾乞憐的自己暗自生氣**，更氣對方是在拿什麼翹？難道傳一封簡訊給我有這麼難嗎？一點都不念舊情？於是氣急敗壞的打給對方，從哀求到吵架，最後又被掛了電話！

其實分手不難，**只不過是一個轉身離開的動作而已**，真正難的是你根本不想轉身。曾經如此深愛過，分手的這一刻所有過往情分、海誓山盟、曾經的恩愛和回憶都被強迫停止，留下來的是沉重的傷害和挫敗。

你覺得對方分手分得很草率，這樣的理由你不能接受；你覺得不能相信對方可以說不愛就不愛了，怎麼可能呢？失戀的人常會有這樣的疑惑。

是阿，長達這麼多年的感情，怎麼可能轉身說忘就忘？為什麼對方可以做到這麼絕情，而自己卻還深深依戀著？我們對這份愛，落差怎會如此大？

本來約定攜手走過下半輩子的人，竟然突然說變就變，大多數人都是走不出這個執念，因此很少能夠把分手處理得很好！最常發生的情形就是一方早已沒感覺了，或是累積很多不滿、想離開，而另一方始終沒有察覺，於是當一方提分手，對方無法接受，甚至演變成互相謾罵、仇恨。

還有一種人，想分手卻不知道怎麼說出口，所以乾脆選擇直接消失，讓你根本找不到人，這種分手最糟糕、打擊最大，也最不負責任。

被分手的人最害怕對方一聲不響的消失，不但傷痛久久難以癒合，而且很容易造成後續戀愛陰影，這是最要不得的處理方式！有個朋友曾經被男友如此對待，導致後來的戀情她都很害怕重蹈覆轍，不敢放下感情、患得患失，最後每段感情都傷痕累累，傷人又傷己。

學會好好說分手、和對方說清楚，是件很重要的事情。或許你可能會害怕對方指責或是死不接受，**但是分手這件事情只要一方提了**，另一方即使再不願意，時間到了仍舊會分開，畢竟沒有心的感情還能夠耗多久？

愛情本來就需要好好經營，一方有愛、一方沒有，自然也撐不久，所以不如好好的和對方說再見，起碼有解釋過，讓對方釋懷了再離開，日後還是朋友。

我有個朋友出國，女友趁他出國打電話說要分手，因為這樣至少不會被糾纏或為難，結果話也不能好好說清楚，男方誤解女友一定是劈腿了才如此絕情，此後男方始終無法釋懷，在女方家人朋友間一直想要問清楚，女方劈腿的八卦也越傳越難聽，事後雖然證明純屬誤會，但是雙方都搞得灰頭土臉。

這就是沒有做好分手的動作的後遺症，對方出國，妳打一通電話就想要分乾淨，怎麼處理得這麼便宜行事？相信沒有多少人能夠接受！畢竟相愛這麼多年，一通電話就要一刀兩斷、從此成為陌生人，不讓人有任何心理準備，這樣的處理態度不讓人產生恨意才怪。

被說分手的人，其實最在意的並不是當下你還要不要，而是曾經如此相愛，為何最後卻演變成如此？那些過去彷彿就像一場夢，感覺應該要醒了，卻想留在過去，再多緬懷一下。

其實分手是塞翁失馬焉知非福，我常如此鼓勵讀者，**你身邊的緣分只有一個位置**，如果你不能讓壞緣分離開，好緣份是進不來的，因為真愛只有一個位子而已，你要接受並且學會放下，然後才會得到。

就像小S一樣，當年她被黃子佼分手之後，感覺自己的世界快毀了，想到的都是前任的美好，在節目上也曾失控痛哭，然而度過這段傷痛之後，她重新站起來並且找到更適合她的真愛，變成幸福的人妻，這難道不是一種福氣？

時間點過了，就不會再痛了。記得多愛自己，世界上不是只有那個人而已，懂得愛自己，你才能遇到對的人。

issue 26

男人愛抱怨：我老婆越來越沒有女人味了！

結婚多年以後，夫妻倆的話題只剩下孩子以及什麼時候要開學？交往時迷人有魅力的老婆，和現在穿著鬆垮睡衣褲、夾著鯊魚夾、連妝都懶得化，還常常大小聲怒吼孩子的女人，怎麼相差這麼遠？於是兩個人過著相敬如賓的生活，和以前火辣有情趣的日子根本是天壤之別！

但是，在你抱怨之前，先看看美國一個有趣的研究，它原本是調查為什麼女人會想節食、維持身材？結果意外發現一件事：**女人瘦不下來，跟另一半的長相有關。**

當女人認為自己伴侶外型比自己出眾時，就會克制飲食、努力減肥，想追上另一半；若是認為另一半的長相不如自己，就會比較不忌口，身材容易走樣。

因此在你抱怨之前，也看看自己變了多少？你是不是也變成一個邋遢又不修邊幅的大叔，挺個啤酒肚也毫不在意？你抱怨老婆身材走樣、情趣變少時，可想過老婆為你生過孩子，當身體裡有另一個小生命在孕育時，難免賀爾蒙和體質都會改變。

以前交往時，你把女人當成公主，常常誇獎她，她自然會變成可愛的公主和你相處；生了孩子以後，她必須要當孩子的媽、大小事都需要她來管，**當公主降級成為家事婆，任何女人都美不起來！**

你試看看叫你電腦D槽裡那些女優明星天天做家事、追著小孩跑、叮嚀你大小事、打理整個家，還能夠美得勾魂誘人嗎？

其實老婆失去女人味和身旁的男人有很大的關係，主要是男人的態度也變了。有時候她打扮了，你也不再讚美和注意，可能連她換了髮型你都沒發現，如果和你的關係又不好，加上她也不再需要打扮吸引異性，這些都會影響到她的心境是快樂幸福的、還是自我放棄了？

當你選擇做一個麻木無感的丈夫，忘了她曾經是你費盡心思追來的深愛的女人，看她的眼神不再浪漫、對她講話不再甜蜜動人、忘了善待她，只把她當成一個必須盡義務的家事婆、孩子的媽、共同撫養人，那她又怎會依舊閃亮動人、如同婚前戀愛時呢？

其實，只要你稍微改變態度，多誇獎老婆、多和她重溫兩人世界的浪漫，像是抽空帶她看看電影、帶她去以前約會的地方、多給對方一些驚喜，這些行為都會讓老婆更想為你維持住美貌和身材、為你散發性感的女人味、為你改變自己的心境。

我記得以前看過一則新聞，記者拍到台灣首富郭台銘深夜牽著妻子的手一起去看午夜場電影，這是多浪漫又多麼愛妻的一件舉動！

要知道郭董日理萬機，每天行程滿檔，天天大清早就到公司開會和做決策，這樣的男人卻會為了愛妻而打起精神，不顧已經勞累了一天，和妻子深夜街頭漫步、一起看場電影，而不是隨便租個DVD回家，這樣的老公即使沒錢，也會有一個始終容光煥發的美麗妻子。

再來，女人自己也要注意，當老公開始跟妳說希望妳多打扮一下，或是重溫以前激情的時候，千萬不要擺出敷衍或是拒絕的態度，男人會有婚外情，**有時候不一定是很愛那個外遇對象**，也不一定是不愛自己的家庭，純粹是他想要的愛情和感覺沒了，家庭氣氛不好、妻子疏於照顧和滿足他的需求。

男人就像個小孩，會需要關注、需要愛的慰藉，很多失婚的女人，離婚後發現夫妻倆漸行漸遠的原因常常是因為小孩，當兩人世界變成三人、四人世界，女人的眼裡只有小孩，男人開始覺得備受冷落，漸漸產生疏離感。

感情的事不會是只有一個人的責任，天生花心的人除外，**畢竟追逐異性已經是這類男人的病態**，所以婚姻生活除了孩子和工作，我們應該要多把心力放在另一半和自己身上。女人因為年齡增加所帶來的改變，無形中會改變一個人的外在，變好或變壞取決在妳的心態。

我有個朋友，婚後生活過得不開心，她出來總是抱怨，一連串的不滿和情緒，間接影響了她的外貌，才四十歲的她看起來比同年齡的女人還老、還沒光采！她的眉頭始終緊鎖、嘴角很多下垂的紋路，好像一開口就要吐出一連串的不幸福和對別人的指控，生活上不美好的瑣事影響了她的外在。

當妳覺得自己是有吸引力的，妳就是個有吸引力的女人；當妳覺得妳是快樂的，生活自然就很美好！**我覺得會改變女人的外在的，從來都不是年齡而是心態。**

因此無論結婚多久，女人應該要讓自己過得開心，我常看到很多老婆對家庭、對老公的付出非常不平衡，刻苦省自己就為了給孩子、給老公最好的，最後還被嫌棄是黃臉婆、完全沒有女人味，這是多麼不值得的事情，所以不要再做得要死，還被人嫌的要命了！天塌下來妳管它呢，不是還有男人嗎？

issue 27

男人冷卻太快

為什麼男人會和妳搞曖昧搞到一半就消失？或是男友常常不接電話、已讀不回？初期，你們兩個對對方印象都不錯，約會幾次進展到一半，男人突然失去興趣，再也不出現了？

到底男人心態是什麼？答案應該是：他如果覺得和妳的情感沒有深刻到可以進展到下一步，他們很快就會失去興趣、轉移目標，也就是說，**妳對他缺乏持續的吸引力！**

我有個女生朋友，半夜睡不著敲我：「怎麼辦？我男友怪怪的，最近都若即若離，我們交往才一個多月，發生幾次性關係，他一開始也很正常，出去約會都很開心，還會和我說他的小秘密，感覺很在乎我，怎麼突然變冷淡了？」

明明一切都很順利，為什麼男人突然不再積極熱情？男人雖然有時候會用小頭思考，但是對於情感這部分他們卻是很理智的，通常男人突然對妳失去熱情和興趣，有幾點可能，

一個是，你們根本聊不來、講話讓他覺得沒有共鳴感；或者他發現越來越不喜歡妳的個性，**妳太無趣、沒有挑戰性、太黏了**等等。

對男人而言，外表當然是占了最大的因素，可是他們對於聊天是否契合，以及聊天的話題是否有趣，都很看重。

如果妳和這個男人始終缺乏聊天話題、或是聊得不是很有感覺，沒多久他們就會覺得無趣、開始沉默，也會讓男人覺得跟妳約會壓力很大，找不到想說的話，你們之間缺乏心靈面的交流和連結。

不要小看共同興趣這一點，這其實很重要！就像擁有共同交友圈、共同的喜好，能夠和一群朋友一起出去也很重要。男人少不了女人和朋友，但是相對於戀愛，男人更重視友情，因此能夠和男人的朋友相處融洽，自然會提升你們的關係。

我有個女生朋友很有魅力，所謂的魅力就是她很幽默風趣、善體人意，而且很會聊天，男人緣超級好，**但是她長相普通而已，不過和她相處過的男人都離不開她**，覺得她是個很有料、很有趣的女人，和她相處非常開心。

對男人而言，交往除了肉體歡愉，更需要快樂和有趣，這樣才能持久不乏味，如果妳讓男人認為無趣和膚淺，久了男人自然對妳興趣缺缺，再美的女人都一樣，看久就膩了！何況，美女從來不缺，到處都有。

所以多充實自己的腦袋和見識、對自己的生活有熱情和目標很重要，男人喜歡這樣的女人，他們喜歡尋找很獨特的女人、欣賞有自己想法、充滿智慧和魅力的女性，就像妳絕對不會喜歡一個唯唯是諾、妳說東他不敢往西的男人。妳喜歡的絕對是有想法、有男子氣概，對自己又非常懂安排的男人。

想要讓男人離不開妳，第一步就是尋找你們的共同點，無論是朋友或是興趣，初步認識一定需要相處，而相處最重要的就是話題，能夠多幾樣話題就會增加妳的獨特性。

我有個女生朋友很厲害，男友的一票朋友她全都熟識，而且都能相處融洽並且變成好朋友，也因為這樣，她的男友都離不開她，畢竟如果她男友稍有二心，所有好友都會勸阻、不讓他走偏，**替她看好這段感情，真是高招。**

記住，別隨男人擺佈！男人喜歡的絕不是媽媽型的乖女孩，所以不要男人叫妳做什麼就做什麼，要有自己的想法，男人沒時間陪妳，妳就自己好好安排消遣或進修，當男人打電話來發現妳過得很忙碌、很有節奏的時候，反而會更想要約妳、跟妳在一起。

這就是一種心理戰，男人受不了的女人之一，是那種柔弱乖巧、沒男人會死的類型。他們喜歡獨立有主見，但是見了面又能撒嬌、燦笑如花。

最後，尊重對方的時間安排，千萬不要三不五時就希望男人犧牲時間來陪妳，要學會尊重他的時間，真正相愛的兩個人才不需要犧牲這種事來維繫感情，當男人要工作時，就讓他好好工作，因為妳也不該無所事事、遊手好閒！更不要男人一通電話，妳就什麼都不顧了，即使請假也要見對方一面，這樣太沒質感了。

好好的顧好自己的生活和工作，能夠妥善的打理好所有事情，男人才會覺得妳是非得要好好把握和珍惜的獨特女人。

通常最愛的人，
都不是最後在一起的人。

issue 28

TAG與穩定交往中

有些女生在交往的時候，最在意的是男友有沒有向眾人宣誓她這個女朋友的身分。像是出去約會一定要牽手，這種標籤就像「他是我的」或是「他死會了」，因此臉書裡的「穩定交往中」標誌，變成了情侶交往後的一種慣例宣告。

然而，交往到哪種程度，對方才肯認定是穩定交往？如果對方遲遲不肯按下臉書的穩定交往，是不是沒有想要和自己定下來？

其實，就算結婚幾十年的夫妻都不見得能長久穩定了，按下穩定交往多半僅僅代表當下的心情，不見得真的有誠意穩定經營關係。

我曾看過一個朋友，每次熱戀就按穩定交往中，短短一、兩年，已經換了五個對象、

按了五次穩定交往，每次大家都會恭喜或是留言，到了第五次已經很少人發言了，誰也不曉得這段會撐多久？**本來是見證愛情的方式，最後卻變成大家的八卦娛樂。**

我覺得，「穩定交往中」只是一種形式，真正重要的還是堅定的兩個人有心走下去，對方不但了解妳的所有缺點，而且即使對於妳的決定不一定認同，但還是會竭盡所能的支持妳、嘗試理解妳的想法，這才是真正愛妳的人，絕不是靠一個按鈕而已。

有個朋友談遠距離戀愛，她總因為思念對方，早中晚三餐問候之外，想到事情就打電話給對方。熱戀時，雙方都願意配合，久了就不見得能夠包容，尤其是工作時，沒辦法一直講電話，只要一不開心，女方就把臉書上的「穩定交往中」改成「一言難盡」，和好了又改回來，重複好多次，男方開始覺得很煩，感覺像在跟幼幼班的人談戀愛，最後沒多久就分手了。

真正美好的愛情，**不是找到適合的另一半，而是找到願意協調的另一半。**

像這種遠距離愛情，要常常忍受情人不在身邊的寂寞和孤單，自然更需要彼此的愛和包容，但是沒有安全感的人很愛用自己的想法去猜測對方的想法、解讀他的一舉一動，容易無端生出很多問題。

「為什麼他總是不和我說發生了什麼事？」
「為什麼這件事，朋友和同事都知道，我卻不知道？」
「為什麼他不跟我說下個月要出差了，是心中沒有我嗎？」

會這樣認為，往往是將對方放在自己心裡第一位，**只要對方沒有跟妳同步**、跟妳一樣看重，就會開始胡思亂想、開始猜測和鬧彆扭，如果男方又不夠細膩，了解妳的心思和憂慮，自然就吵不完了。**但情人不是拿來猜測的**，當妳太多自以為是的論定，而無法好好直接說明時，情況就會越來越糟糕。

情侶間最現實的一個問題，就是從熱戀期步入穩定期的相處，這段期間磨合最多、也最容易有崩壞分手的可能。

從熱戀時的裝模作樣，到吃個飯已經不用像以往的客套、在對方面前能夠大咧咧表露出醜陋的一面、打嗝放屁也不感到害羞，在這個時期的相處，最恐怖的就是適應對方的生活和習性，那是一大考驗，有些情人熬不過這個階段，就此分手。

我認為真正穩定的感情，應該是彼此都能進入**「家人模式」**，卸除所有虛假客套、不用什麼都順著對方、不需要你快樂我就快樂的討好，但彼此都能同步，自在做自己。

有個朋友和老婆已經熱戀結婚十年了，兩人相處多年來都還是像情侶一樣，互動親密無間，其他朋友看到總是覺得不可思議，非常羨慕他們維持愛情不變質。我問那位朋友：「怎麼可以結婚十年了，感情還這麼甜蜜？」

他說，有幾點是他們會盡量為對方做到的：

一、經常帶另一半參加朋友的聚會。

除了可以讓彼此能夠經常擁有相同的話題、相同的生活圈以外，還可以避免豬朋狗友的加入。

有很多愛外遇的男人的對象往往就是豬朋狗友或亂七八糟群組介紹的，多帶另一半參與，那些豬朋狗友自然會識相退開，有助於感情穩固也能避免外遇。

二、吵架後，盡量想些好笑的事來化解氣氛。

這一點很有幫助！我跟奶爸就常常會在吵架後神來一筆，講一些趣事逗對方笑，讓對方忘記剛剛生氣的感覺，這樣兩人才能和好如初，雖說在氣頭上有時候很難做到，但是只要一方有心，就會越來越容易化解僵硬的氣氛。

三、婚姻需要雙方有自覺。

所謂自覺，第一步就是拒絕和遠離誘惑，再來就是別做會讓另一半懷疑或不舒服的事情，像是身為男人的他，即使應酬得再晚，仍舊會不定時打電話跟老婆報備、讓她放心，而且嚴守跟異性之間的分際，不會私底下有任何單獨往來或牽扯。

而老婆也是，面對外面的男人的邀約，總會先告知自己已婚，也不會隱瞞老公，他們彼此信任、懂得潔身自愛，才能保護好自己的婚姻。

四、尊重雖然老套，但還是很重要。

即使熟得不能再熟的情侶或是夫妻，還是需要彼此尊重。不是要你都聽對方的，但是必須讓對方明白你是尊重他的，有事情會一起商量、有決定會先告知並徵求認同，不會專制決定之後要對方配合，那是兩人關係中一種會讓對方感受到你很在乎他的感覺，不能缺少。

五、付出不是理所當然。

許多情侶和夫妻最容易犯的錯誤就是，認為對方必須要理所當然的為自己、為家庭付出！

對方為你付出、為你做的任何事，是因為愛，而不是理所當然，你要適時適當的表示感謝，如果你認為都是應該的，久了對方也會疲倦、失去熱情，進而影響感情。

六、絕不撒謊傷害對方的信任。

有些人習慣撒謊，總愛做了一些事之後才開始害怕對方發現、害怕承擔後果，於是拼命隱瞞和撒謊，這是最傷害彼此關係的行為。兩個人在一起要有責任感，千萬不要習慣撒謊、做事不顧後果，沒有人想跟愛撒謊的人共度一輩子，恐怕當朋友都有困難！

七、有話直說。

感情是需要交流的，夫妻或是情侶間如果常常沉默、沒話可說、各做各的事，久了感情自然生變，如果你希望家庭和諧，最好保持交流、有話直說，只是一味隱忍、壓抑自己，會形成彼此之間的疙瘩。

八、重視對方的價值。

無論是出外打拚，或是在家照顧孩子，如果一直忽視對方的價值和對家庭的貢獻，久了自然會造成不滿，畢竟沒有誰的工作是輕鬆的！

如果某一方長期忽視對方的情緒，以及看輕她對家庭的付出，婚姻也不會長久，夫妻之間應該是分工合作，並非賺錢的就比較偉大、比較辛苦，顧家的就比較弱勢、比較沒貢獻，這是為了家庭所需而分工，**彼此的價值絕對不是以賺錢多寡來衡量的。**

這八點都是維繫感情的基礎，卻很容易被人遺忘，如果你想珍惜這段感情，記得莫忘交往時的初衷，你願意忍受我的懶惰、我願意忍受你的龜毛；你願意忍受我的脾氣、我願意忍受你的大男人主義，彼此都願意為了愛情做一些協調，要幸福並不難。

issue 29

婚前該不該試婚？

最近有個讀者問我，她和男友遠距離戀愛長達五年，最近終於要結婚了，但是她開始思考是否要先試婚？因為這五年來，他們通常是一、二個月才能見一次面，每次見面的感覺都很好，但是聽說婚姻好像不是這樣，很擔心婚後無法適應，因此考慮試婚，這樣可以提前了解對方的習慣，才不會有婚後落差。

我看了這個問題，想起前幾天看到的新聞，有個剛新婚的女生在網站上貼文，因為老公在婚前以個性保守為由，拒絕發生性行為，沒想到結婚後首度發生關係，她才發現老公原來是「奈米屌」，讓她非常不能接受，覺得有種受騙的感覺！很多網友紛紛留言認為試婚很重要，婚後才不會發現「開箱受騙」。

或許這只是少部分的個案，但確實婚前如果沒有相處同居過，婚後有很大的機率會發現彼此的真實面不如想像而吵架。

很多情侶在婚前都是各自住在家裡，有父母幫忙，所以不覺得生活瑣事和磨合是大問題，結婚後變成兩人世界，大大小小的事都要夫妻一起面對或完成，這時候因為共同生活而開始了磨合期，很多人無法撐過這些磨合期，我有個朋友就是這樣。

他們戀愛談九年，結婚才二年就離婚。婚前兩個人各自住在家裡，很少一起生活，從沒想過共同生活會影響這麼大，婚後天天相處，才發現彼此價值觀、生活習慣、起居作息……**什麼都不合！**一直爭吵的結果就是走向離婚一途。

我是贊成婚前試婚或同居的，畢竟不要小看了這些生活瑣事和習慣，它們都是最容易影響感情的，只有撐過磨合期以後，從狂戀激情昇華到更深厚的感情，才不會為了一點小問題就鬧離婚。

但是如果你個性比較保守，不贊成婚前試婚或同居，那不妨規劃兩個人一起去旅行，最好是長途一點的國外旅行，因為一起旅行真的可以考驗出對方和自己到底適不適合。

一起規劃去旅行，從安排行程開始，洽談旅行社、訂機票酒店，這些事是不是只有一方在忙碌張羅、一方只等著去玩，什麼忙都不幫？這是第一個考驗。旅行最大的好處是，有太多需要注意和打點的細節，**每一個都能考驗出本性、人品和責任感。**

常有人說，一個好旅伴比什麼都重要！如果你的男人在旅途中，可靠負責又讓妳很有安全感，在外面除了能保護妳，也懂得安排一切、讓旅途很盡興開心，基本上婚後也差不到哪去。至於，試婚要注意哪些事情，在這邊分享一下：

一、不隨便試婚。

人選當然是以自己想要嫁的對象為主，不要隨便交個男友都搞試婚！妳確定對方是真正能夠託付終生以及負責的對象，再來考慮同居，如果天天相處能夠不吵架、生活習慣也可以接受、可以一起分擔家務、價值觀都雷同，再來考慮結婚。

試婚是重要的，但是千萬不要隨便試婚，還沒認識、還沒熟悉就試婚很危險，要找對的、有未來性的男人試婚才可以。

二、確定是能夠包容妳、有誠意的對象。

結婚有點像是分工合作，婚前試婚其實也是要測試這一塊，彼此都能互相包容、願意為了對方而改善，所以對方不能是個自私的人，試婚時要多評估這一塊。像我和老公交往時，他來我住的地方，我完全沒有收拾和打掃，想要讓他知道我的真實樣貌，我就是個不愛做家事的人。

我覺得結婚前要讓對方知道你不是個完美的人，**不要假裝自己是另一種人**，那是欺騙！所以我也一再的和老公說，我真的不太愛做家事，你要有心理準備喔，他聽了也只是笑笑沒說話。

來過我家幾次以後，他開始自己主動幫我收拾、幫我打掃，而且從來沒有唸過我半句，那一刻我知道，他很能包容我的缺點，我們應該很適合，果然婚後，家事裡裡外外他都一手包辦，從來沒有要求我動手、或是責怪我懶散。如果婚前我把家裡打掃好、呈現最完美的樣子給他看，或許婚後就不會如此包容和體諒我了，

三、仔細檢視對方生活習慣。

交往時，彼此都想給對方最好的一面，試婚後天天見面，缺點一定很容易就看得到，這時候無論刷牙習慣、上廁所的習慣、骯髒或是潔癖，一覽無遺、看得清清楚楚，只有願意磨合的兩個人才能相處得好。

婚後的兩個人本來就是同一國的，然而生活中的柴米油鹽醬醋茶很容易消磨了愛情，

進而讓兩人變成劍拔弩張的狀態，非要拼個你死我活、誰輸誰贏才肯罷休。

結婚這幾年我發現，**要把婚姻經營好沒別的，那就是別太挑剔！**不需要對自己的另一半要求太嚴苛，畢竟沒有一個人是完美的，越是挑剔對方、越是覺得對方很難相處，把標準放低一點、把對方的優點放大一點，才能夠相處融洽。

我和老公婚前就有同居試婚，生活習慣上也有磨合過，我和他個性是互補的，彼此算是很包容對方的缺點，因此從結婚到現在，我們也很少為了生活習慣爭吵，因為同居試婚期間大概就知道對方是怎樣的一個人了，婚後就不太會吵那些瑣事。

當然試婚不一定就沒問題，過程一定會出現很多摩擦和爭吵，但剛好能深入了解對方，經過婚前的磨合，婚後才更有保障。所以如果你對結婚還沒有十足的把握，不妨試看看試婚，畢竟一輩子是很長遠的，多做些預防措施比較萬無一失。

issue 30
男人劈腿前的戲碼

某次和以前認識的同事聚餐，有個女同事很久沒見了，她跟我說她交了新男友，奇怪的是，本該是滿面春風、很值得開心的事，可是她看起來一點都不像是戀愛中的女人，反而鬱鬱寡歡。後來她在聊天時突然對我說：「不知道為什麼前男友會突然說不愛就不愛了？當初還在熱戀的時候，愛情就突然消失了！我怎麼都想不透原因，這個謎糾纏了三年，想起從前，明明都好好的，前男友怎會突然說變就變？」即使已經交了新男友、分手也超過了三年，對於舊情人的無情和突然改變，她仍舊很難釋懷，一直想知道原因。

女同事說她在和前男友交往二年後，發現對方劈腿，當知情的那瞬間，就像全身上下的感知能力全都喪失了似的，她無法理解為何最愛的人捨得這樣傷害她？

就算她知道全天下劈腿的男人都一個樣，什麼藉口理由都不用說，**就是感情淡了、下**

半身癢了！但還是會受不了，不敢相信這種事怎麼會發生在非常相愛的他們身上？接下來就是一連串的自我折磨，拼命想要找出答案，一直打電話給對方。

其實很蠢的是，她打給對方是想知道對方還想不想要這段感情？如果想要，她願意原諒，但是對方就像斷了線的風箏一樣，完全不接也不回，消失得無影無蹤。

很多女人發現男人劈腿時，很想要知道「為什麼？」或是「他還愛我嗎？」，但我認為劈腿這件事之所以會發生，其實兩個人早已出現問題，**只是女生通常不太願意承認**，畢竟要承認對方不愛自己是很痛苦的一件事！尤其對於被劈腿的女生來說，寧願認為男人還是愛自己的，只是被第三者搶走，這樣的理由會讓自己好過些。

在遇到劈腿這件事之前，兩個人應該就疏於經營關係了，女生可能知道他們之間怪怪的，卻不曉得該從何下手或改變？只能任由感情越來越疏離，更不用說溝通了，**溝通這件事只要一方不願意，另一方再怎樣強迫都沒用。**

妳試著回想看看，在男人劈腿前一定會有這樣的戲碼，例如對方突然跟妳親熱的次數減少，也不像初期那麼熱情；以前叫妳老婆、現在喊妳名字，連通電話的次數和時間都變少、變短了，講一講就急著想掛斷。

以前三天沒見到妳就會受不了、急著衝來找妳，現在二星期沒見妳都沒關係；妳想跟他約會，他就開始嚷著自己多忙多忙！妳漸漸覺得很寂寞，感覺自己像是一個人在談戀愛，你們開始減少接吻、擁抱和性行為，即使難得約會也像是陌生人一般，彼此各滑各的手機、各做各的事。你們越來越沒有話題、沒有熱情、例行公事的講電話，然後每隔幾天對方就消失。

這些徵兆出現不算短的時間了，但妳卻缺乏警覺性，很多女人在交往一、兩年後，**以為不吵架、不爭執就是穩定交往**，可以準備步入禮堂了，真是大錯特錯！忽略了無趣平淡沒話題的愛情，更會使男人生厭和想逃離，這樣的危機出現一段時間了，只是妳太無感兼太不了解男人。

劈腿其實不需要太多的理由，主要就是對另一半情淡、加上遇到了第三者。或許一開始只是新鮮好奇，沒想到久了，男人認為和第三者交往比跟妳開心有趣，於是毅然分手轉投向第三者懷抱，他說不出太多藉口和理由，因為危機早已出現多次，要說也不知從何說起，**總歸就是不愛了、情淡了、他不要了！**

每當情變，被折磨的多半是女人，女人會覺得男人劈腿自己也有錯，於是持續不斷的鑽牛角尖、走不出來。

但是傻女人，我要跟妳說，也許感情生變的前兆妳忽略了，但是經營感情是雙方的責任，男人不該只想著外面新鮮有趣的小三、而不想積極改善或經營你們的關係，如果只把責任丟給妳一個人承擔，未免太渣了。

被劈腿的妳沒有錯，不試圖改善關係就直接劈腿，是男人的問題！這樣的男人毫無經營關係的誠意和真心，一旦第三者也跟他回歸平淡穩定，難保他不會又想劈腿，所以為什麼要拿別人的過錯來傷害自己？妳也是有尊嚴的，不需要被羞辱，更不需要犧牲自己的幸福來和劈腿的人繼續交往。

要知道，**劈腿的人是一種慣性**，沒有一個女人受得了一次次的背叛，趁早放棄還比浪費自己的青春、最後恐怕還是會被拋棄來得好。

另外，奉勸劈腿的男人，不要以為填補一時的空虛不會對你造成任何影響，事實上，當你一再傷害真心愛你的女人，難保哪天不會栽在別人手上，**因為搞不好感情變淡、變無趣的原因是來自你**，而不是女友，如果不自我檢討，只是膩了就離開，這就是為什麼愛劈腿的男人，伴侶一換再換，總沒好結局的原因吧？

issue 31

媽寶男值得妳這樣被糟蹋嗎？

有個網友問我，她男友是獨子，是個媽寶，從以前到現在談戀愛都以媽媽的意見為準，一開始交往很順利，後來去他家幾次，他媽媽覺得他應該要找一個可以幫助他事業、照顧他的老婆，而不是需要他照顧的老婆。

他媽媽後來強力反對她和男友繼續交往，原因只是吃完飯她沒有幫忙一起洗碗，而是男友搶著去洗，當時她沒想這麼多，不知道這樣的原因會影響對方家長的觀感，事後她也問過自己媽媽，她媽媽則是覺得男友家人大驚小怪，第一次去本來就不熟悉，也是客人，誰做有什麼差別？因此也強烈反對男友去她家。

但是她和男友非常相愛，為了繼續交往，就改為低調、偷偷摸摸來往，希望以時間換取他媽媽的認同。可是，這個問題一直會影響他們，偶爾吵架就會吵到他又要顧及他媽媽的感受又要安撫她，讓他壓力很大。

前幾天，她一氣之下就和對方提了分手，因為她始終不明白自己到底哪裡不好？讓他媽媽這樣不喜歡！但是分手才幾天她就想挽回了，還是捨不下這份感情，現在的心情很矛盾，想要問問到底這段感情有沒有未來？

親愛的迷惘妹妹，我想和妳說，我不會勸妳分手，**因為那是沒用的！**感情中的好壞只有當事人知道，但是婚姻這件事，就影響層面很深了，沒有身在其中的人是無法領會的，所以我會分析給妳聽，讓妳自己衡量。

一段感情只牽扯到兩個人，比牽扯到第三人還簡單，最難的往往是牽扯到對方的家人，畢竟親情與愛情，孰重孰輕？是無從比較的。

電視劇中男女主角最苦的時候就是家人反對時，兩個人濃情蜜意卻仍要被活生生拆散，演個好幾集催淚又捶心肝，好不容易歷經波折終於可以廝守。我想告訴妳，希望妳跟電視劇一樣有個美滿結局，然而現實絕對不可能這麼輕鬆，往後絕對有一段很長、很痛苦的路要走！

到最後，最困難的不是家人的阻擾，反而是雙方沒有心來維持這段感情？剛開始你們可以靠勇氣以及堅持來面對，時間一久，**真正拆散兩人的反倒是愛情的現實了。**

為什麼會這樣說？因為波折和磨難多了之後，妳可能開始思考，這男人值得妳這樣努力和忍耐嗎？這男人值得妳不惜一切也要繼續下去嗎？到底為什麼不能被祝福？妳會開始懷疑自己、懷疑這段愛情，就像現在的妳一樣，聽到一些話，妳就會不開心，認為自己好好的為什麼要被人家這樣說三道四？

男方也一樣，他也吵到開始懷疑搞不好家人的反對都是真的，搞不好妳根本就不適合他，搞不好媽媽就是知道你們不相配，才會大力反對……一堆搞不好和後悔。

所以，希望妳決定復合以前，先問問自己，對方有什麼地方是值得妳努力和堅持的？即使受盡委屈，也能甘心承受這一切？彼此都有這樣的毅力，可以花上數年的時間去等待而不變質嗎？

如果現在的妳還有別的考量，例如年齡、事業等等，可能要想想是否需要浪費時間繼續下去？畢竟要取得對方家人的認同，是很花時間的一件事，外加彼此的感情能否能面對這樣的壓力，才是最大的問題。

還愛著對方就想著放棄是最痛苦的事情，所以我覺得妳不妨好好的冷靜一下，今天妳不僅僅只有愛情需要考量，妳還需要生活、需要工作、有家人要顧，妳可以先把心思放在其他事情上，看看到底答案是什麼？

在思考我說的幾個問題以後，好好的把心情調適吧，這段感情的考驗絕對不在第三人，而是妳和男友的感情是否堅定，是否到後來還會相愛如初？

issue 32

男人的約砲 App

現在手機和網路發達，對男人而言，App 約砲這件事情好像也變得輕鬆容易，很多 youtuber 甚至還拍約砲影片，看看那些約砲男都在想什麼？網路上討論得很熱烈。

其實，大部分女人對於約砲這樣的行為是反感的，覺得好像把我們女人當成性愛工具一樣。對女生來說，砲友和一夜情是有所不同的，所謂的砲友就是未談戀愛就上床的朋友，僅僅是床上行為，一點美感都沒有，比較屬於男性思考。一夜情至少還有一點點好感或曖昧當基礎，是雙方都有激情的當下行為。

App 約砲有點類似早期的見網友，只是這種見面目的很明顯，下一步就是到汽車旅館，但是約砲也不見得一定就會遇到適合的，像我真的聽說有男生朋友固定在用手機 App 約砲，一開始就是聊天也聊性，先用聊天看看合不合得來？合得來再進行下一步，當然也需要見面認證一下，畢竟大頭照誰都會美化。

聽說這個男生朋友好幾次都約砲成功，誇張的是他當時也有女朋友，據了解他和女朋友的感情還算好，但是雙方的性事不是很合，似乎是男生喜歡做愛比較激烈點、像A片一樣，但他女友比較保守，所以什麼姿勢都不太願意配合。

久了，男生朋友沒有得到滿足，就開始利用 App 約砲，聽他說有些砲友比起女友開放很多、配合度上也高很多，頗能滿足他對性愛的想像，然而就算找砲友，男生朋友還是不願意放棄自己的女友，因為性是性、愛是愛，男人分得可清楚了。

一開始約砲，首先他會從 App 軟體中看照片找出自己喜歡的類型，接下來用言語暗示，例如問女生，有沒有男朋友？女生如果回答沒有，那麼約砲機率就增加很多，接下來就會問女生，多少罩杯？喜歡做愛嗎？

這些露骨的字眼其實都是為了試探女生可否接受約砲？如果女生大方的回答，男生會覺得機不可失，會更直接詢問性技巧好嗎？想要藉由聊性事的方式，把話題直接切入重點，接下來當然就是進一步約見面、到床上聊聊囉！

可別以為男生會花很多時間約砲，其實不然，想約砲的男生基本上會找看起來有機會的女生火力全開，沒機會的女生他們可是一點時間也不想浪費。

約砲過程當然不免俗一陣性愛話語，接下來就是碰面到床上，後續則是斷斷續續還有連絡，只是通常有女友的男人都是隔陣子才連絡，對他們而言砲友只是偶爾為了嘗鮮和發洩而存在，並不是拿來談感情的。

在這裡就是要講一下男人和女人不同的心態了，因為雖然一開始認識大家都很清楚明白，目的就是當砲友，但還是有很多女人會誤會，或者投入感情，畢竟上了床就等於彼此進入另一層親密的境界了。

如果女生想找男友，而且是利用交友軟體找男友，那麼切記第一次碰面千萬別上床！如果上床了，**男人就會把妳定位在砲友或一夜情**，通常這樣很難進階到女朋友的階段。

另外，千萬別聽男人上床時講的甜言蜜語，為了上床男人可是會使盡全力的！我那個男生朋友的砲友，後來就是對他動了感情，覺得他非常溫柔深情、很會呵護女生，因此自己陷下去了，結果男生朋友立刻選擇消失、嚇到再也不連絡。

很多女人都以為上床多次之後，就能夠進展到男女朋友的地位，然而男人下了床後可是清醒得很，他同時也懷疑妳和別的男人也是如此，**對男人而言砲友和女朋友是不同地位！**

而男人千萬別覺得找砲友比較簡單、無壓力，彼此只談性不談愛，說停止就可以停止，比起交女友又要接送、又要買禮物，不如跟砲友直接上床來得乾脆，別傻了！日久生情這句話是真的，即使是砲友，只要有接觸和親密行為，多少都會產生感情。

國外曾經研究有砲友關係的男女，他們對於愛情的定義是不同的，有很多不小心當砲友的女生其實是想要談戀愛的，而且非常害怕寂寞，別以為她們跟你只談性，她們其實對戀愛的依賴度是很高的。

只是因為剛好在感情空窗期，遇到你用交友軟體跟她聊天，聊著聊著沒拒絕就上了床，這類女生常常會因為如此就離不開你，她並非一開頭就是想要當砲友的，因此如果你遇到了，記得趁早抽身，也別傷害女生的心。

所以很多人會說免錢的最貴！一開始彼此談好只要性不要愛，久了女人開始有了感情，男人不認這段感情想要離開，女人告男人性侵等等新聞時有所聞，畢竟一開始建立的點就很奇怪，不是你說不要就可以拍拍屁股走人的。

我有個朋友從不認真談感情，一直以來都是習慣找砲友，但夜路走多了總會看到鬼，某次他遇到一個死纏爛打的砲友，當遊戲結束時，男人決定要結束這場關係，但是砲友不願意，雙方糾纏了很久，砲友不斷打電話到他公司、還跑去朋友公司樓下等，搞到連老闆都知道，對方執著了一年多都不願意分手，搞得朋友灰頭土臉。

所以男人不要以為砲友就不必負責任，其實只要有發生關係，基本上就不可能說不要就不要，因此還是聰明點，找個好女人交往，不要為了一時歡愉找麻煩，畢竟走在禁忌邊緣是很危險的！

issue 33

沒有不變心的愛情

專情向來是萬中選一的人格特質，一個人從一而終有多難？試想要你一輩子都吃一樣最喜歡的食物，想必幾個月就膩了吧？連好友家人都可能會反目成仇了，人與人之間的變心在所難免。

變心和愛情是並存的，有愛情就會遇到變心的問題，與其時刻擔心受怕，不如先豁達面對好聚好散的課題。畢竟，變心外遇有時候和外表無關，人生的情節本來就是難以預料的，什麼時候會遇到大雨滂沱，你無法預測。

通常遭遇外遇劈腿後，最難過的不是對方變心了，而是被變心的一方會開始自我否定、自我折磨，他們沒想透，**不懂婚姻不是你很好，就能有好結果的。**

張幼儀對徐志摩無怨無悔的付出一輩子，換來劈腿外遇，還在懷孕時被逼迫簽下離婚協議書。而她在回憶錄中是感謝徐志摩的，因為離婚後的她活出了自我，反而得到徐志摩的尊重，成了當代新女性。

遇到已被破壞的婚姻，只有兩種選擇，離開或是繼續忍，然而女人常會錯估自己的忍耐力，以為忍耐就能保全大局。

一年、兩年、三年，即使妳以為這些屈辱能隨時間淡忘，然而傷痛卻時時跟隨，反覆爭吵之下，冷戰、爭鋒相對、懷疑他的每一句話、每一個行為，每天草木皆兵、水深火熱，這就是不願意放下的代價。

妳有想過令妳痛苦的原因是什麼？婚姻出狀況，兩個人多多少少都有問題，妳從沒有發現？不可能的！男人的態度絕對不會是一天就改變的，**最可悲的是妳一直選擇欺騙自己。**

是失去了一個最愛的人痛苦？還是被欺騙而痛苦？還是否定了妳的努力而痛苦？妳的追根究底只會折磨自己，很多時候不愛就是不愛了，變心了就是單純愛上別人，變心的人多半沒有想太多，**如果他肯想多一點，搞不好就不會這麼對妳了。**

人生總是在失望和希望中度過，別把所有的希望放到同一個人身上，才能百毒不侵、練就金剛不壞之身。要相信自己還是很好，**外遇不是妳的錯，單純就是對方不喜歡妳了**，妳不需要拿別人的錯來折磨自己。

記得，遇到他之前，妳也過得好好的；離開他之後，理所當然要過得更好，妳能夠依靠的只有自己，可以給予人生未來和安全感的，一直也只有自己！

有一天我收到朋友的訊息，洋洋灑灑的寫了很多關於自己和前男友的事情，還把對話紀錄給我看。她一開始很委屈的央求見面，見男人反應不好，一時氣憤又說了很多狠話，說完後又開始懊悔，讓自己騎虎難下。

很多人分手後明明知道不該再找對方，卻又忍不住熱臉貼冷屁股，被冷屁股激到後一時氣憤，發毒誓不再求他，事後仍舊還是找對方！

明知道對方糟蹋自己、分手是對方的錯，還不肯放手，老公都已經和小三住在一起了，仍舊苦苦等候，諸如此類的舉動都源自於一種心態：**不甘心。**

妳覺得付出很多，妳覺得對方應該要感謝，妳覺得即使現在態度不好，只要肯努力，有天對方就會回心轉意……太多的妳覺得、妳認為，分手後躲在自己想像的世界裡，不甘心的做了很多事情，想要讓對方注意到妳，不甘心的想要奪回屬於妳的愛情，卻沒有睜大眼睛看看，到底這段愛情真的很棒、很適合妳嗎？

男人都已經劈腿了，妳仍舊選擇原諒、想要繼續在一起，**可悲的是對方想要的是小三**，正宮反而被逼宮，所謂的「不甘心」到底要害慘多少人？有些正宮不離婚，不一定是很愛老公，更有可能是不想輸給這三個字。

不久看到一位網友的動態，她不願意離婚，即使知道丈夫有了小三，她不甘心、她生氣，她更恨的是怎麼會付出所有，最後落得什麼都沒有的下場？所以拚著一口氣，死也不離婚！當下的我很想雞婆的對她說：「成全自己吧！選擇離開、讓自己的未來幸福才是最重要的。」懷著恨意過日子，男人就會回到妳身邊嗎？並不！

人就像趨光性的植物一樣，也喜歡和快樂的人相處。表面上妳沒有讓小三好過，**實際上妳比小三更不好過**，因為現在的妳孤單憤恨失眠，他們還有彼此相伴，妳身邊除了愁雲慘霧，什麼都沒有！爭一口氣卻失去所有，實在不划算。

我的觀念一直都是，當你愛的人愛上別人時，應該當機立斷的離開，我總是這樣執行我的觀念，**何苦和另一個人搶不愛我的人呢？**再怎樣勝算都不大，別忘了世界上最難挽回的就是變心的人。

妳已經浪費了青春，幾十年的珍貴時間，不必連未來幾十年也耽誤了！那將會是最痛苦的時刻，因為妳的人生在拉鋸，妳知道怨恨無法改變事實、妳知道良善的妳根本不想要報復，只是因為不甘心，妳想要全部人都不好過，所以妳不願意成全。

但請相信，有太多走過來的人可以證明，當離開劈腿的男人後，會發現一切更美好，人生就是這麼奇妙，不走過不會懂，別害怕，就踏過去吧。

issue 34

男人受不了女人這些事

情侶交往從熱戀的激情退卻後，男人和女人開始顯現很多差異點，是熱戀時看不見的。

本質上，男人著重大方向、女人喜歡鑽進小細節，德國有一家雜誌曾經調查，有六十三%的男人，最討厭女人拚命問：「你覺得我是不是胖了?」，四十一%的男人痛恨女人在他們亂丟東西時碎碎念，只不過還沒有把襪子收好而已嘛，一直唸很煩，三十九%的男人受不了老婆總是嚷著自己沒有衣服穿，但明明衣櫃都已經塞爆了。

果然不管哪一國的男人，討厭的都一樣，除了這些以外，男人還有受不了女人哪些地方嗎?我們來聽聽看男人老實說：

一、重複沒意義的問話以及囉嗦。

女人重複性的問話表示她得不到滿意的答案，偏偏女人又不直接說，於是男人只好摸索到底女人想要什麼回答？直到男人受不了沒耐性，乾脆以後遇到這類問題就直接略過。

像是女人最常問的：「你是不是不愛我了？你有多愛我？」等等，女人會這樣問就表示目前男人的情感不夠讓自己有安全感，可是對男人而言，交往穩定以後，其實在意的根本不是愛有多少？他追求的是在一起輕鬆開心的感覺，過度的詢問反而會讓男人覺得很反感，他根本就不想回答。結果，一來一往後，女人得不到答案更沒安全感，思緒開始盤根錯結，話題越繞越複雜，越聊越不開心。

二、女人的衣櫃。

男人受不了女人的衣櫃，就像每次約會前等女人化妝一樣，他沒辦法明白為什麼女人出門前要這麼會摸？

其實，我和奶爸也是如此，他很受不了我的衣櫃，從交往時默默的幫我收拾到現在，每隔一陣子奶爸就會受不了，潔癖犯了就開始幫我大整理，每次他收拾後我都要驚恐一下，畢竟他的收拾原則就是斷、捨、離！而女人之所以衣櫃會這麼亂，**就是因為無法狠心斷捨離啊，笨蛋！**我們看每件衣服都很重要、將來一定有機會用到，哪能丟啊？

講了幾次以後，遇到過年大整理時，他一開始叫我自己整理不要的衣服，我心一狠**（真的有嗎？）**，認真的放入半袋要回收的，就覺得自己已經去了半條命了！很不捨，外加可愛的小兒子總愛來攪局，我放進去，弟弟就會拿出來說：「媽媽，不能丟衣服，這是垃圾袋。」一定要這樣我丟他撿來回三次以後，才終於放棄和小寶貝拉鋸，決定把重責大任交給奶爸。

於是奶爸邊打噴嚏邊收拾（因為潔癖而過敏），數量從半袋變成六袋，中間越丟越氣，一度跑來唸我。（表情是打噴嚏打到很不爽）

奶爸：「妳衣服真的多到很誇張耶……」（以下消音，因為我沒在聽）

他每次碎念都要很久，所以我只好想法子轉移焦點。我說：「baby，你知道六年前我為什麼會嫁給你嗎？」

奶爸沒好氣：「這時候不要講這個！」**（驚～居然沒中招）**

我不死心：「你認真聽我說完嘛，因為六年前你是唯一一個看到我衣櫃卻沒有崩潰的男人，而且你不會唸我、罵我，也沒有兇過我，還會默默的幫我收拾耶，我當下就覺得這輩子應該只有你可以忍受我，所以決定嫁給你～～」

奶爸聽完，又默默走回去繼續收拾，我的耳朵警報解除了～耶！XDD

所以，婚姻有時候真的需要腦筋急轉彎一下，想辦法堵住老公的嘴，又不用硬碰硬，婚姻就能常保安康。

除了我以外，其實身邊很多女生好友也都遇過類似的問題，男人真的很受不了女生這麼愛買啊！衣服、鞋子、包包好像永遠都買不夠，很多都是新的、連標籤都沒拆，買回來一次也沒穿過卻一直買，而且衣服、包包一多就很亂，女生通常都不太會整理（當然啦，這麼多很難整理嘛），男人越看越受不了就爆發了。

這點真的要幫男人說話，因為奶爸幫我整理之後，我驚訝得竟然發現好多衣服我都沒穿過**（有點如獲至寶的感覺）**，而且有些款式還重複買了，真的是整理衣櫃可以發現很多問題。直到現在我的衣櫃都很乾淨，因為我最近太忙沒時間上網買衣服，所以奶爸應該可以好一陣子都心情很好！（等我有空，看不把衣服一次買齊才怪）

三、死不認錯。

很多女人無法接受男人給她的指正，這點讓男人很受不了，每次爭吵，女人即使知道自己做錯，但總是死不認錯，也無法接受對方批評，等到下次遇到問題時，又想來要問另一半的意見，他給了妳意見以後，只要一點不小心踩到什麼地雷，女人瞬間就大發雷霆、不斷苛責。

在這裡，我也要小小的為男人平反一下，確實我就是這種女人！遇到對方指正我的時候，當下會覺得沒面子、不太開心，會想要強辯，一切要等到事後才會反省。

但男人就會覺得妳又不懂、又愛問、卻又不照做，還怪別人講話太直接，根本就是難搞！

回想當時的心態，其實只是想要詢問意見而已，但是當聽到男人義正詞嚴的指正時，瞬間覺得好沒面子，不是男人不該給意見，而是不服氣自己哪有那麼糟阿？所以，下次男人給意見時，記得**鞭小力**一點，越是講不中聽的話，越要溫柔一點、婉轉一點，不是嗎？

這些男人的心聲，女人都聽見了嗎？下次記得我們小小難搞就好，不要讓男人覺得太頭痛啊。

issue 35

床上的事1：女人最討厭「快快男」

大部分男人想要在床上展現的是持久力，這和男性尊嚴有關，男人無法忍受自己太快或是看起來不夠威猛，男人總以為女人也是如此希望的，希望他持久、有力、衝刺，可是男人們，你們都想錯了！

持久但不到位、威猛但沒感覺，都不是女人想要的，女人真正喜歡的是醞釀前戲的感覺。

在床上，男人注重效率，喜歡一竿進洞；女人喜歡的則是撩撥，喜歡緩慢有感情的愛撫，彷彿男人把女人當作珍寶一般細細撫摸，女人的性是需要有愛當前提的，不是像A片一樣，比久、比長、比威猛！

再來，女人的敏感帶比較難找、比較遲鈍一點，有時候前戲沒做足，女人的感覺還沒到位，需要愛意的撫摸來讓自己更快進入狀況，所以千萬不要急！男人在床上這件事一向比女人急，沒有親吻就先進洞，會讓女人的感覺很差，畢竟接吻的感受，對女人而言更甚於做愛。

男人和女人對前戲的看法很不相同，**男人覺得前戲有做就好，畢竟沒有爽度**，直接進洞比較爽；而女人很注重前戲，尤其陰道沒有足夠濕潤直接來，會讓女人容易受傷。

而男人用小頭思考，因此很快就會進入狀況，就像男人看A片一樣，性急的直接快轉到重點鏡頭，忽略掉開頭的劇情和醞釀，可是女人的感覺比較慢一點，她需要一些別的動作來引導進入情境。

做愛的感受對很多女人而言，是很難啟齒的，她們即使在床上沒有這麼舒服，也會因為想讓另一半開心，而假裝很舒服。有研究顯示，為了避免傷害另一半男性自尊，有八成女性都曾經假裝高潮，正因為女性高潮不容易，當個體貼的男人就很重要。

兩個人在一起久了、或是結婚已經很久了，性愛這檔事就會變成平淡，因此男人也開始不用心，什麼情調、什麼前戲都不用了，**快點躺好、快點進洞、快快解決**才重要！這種懶於經營關係的「快快男」最糟糕，正因為在一起久了，才更該珍惜性愛時刻。

要知道，粗魯派的性愛是最令女人討厭的，這是種不被尊重的感覺，床上的感覺是會影響到日常生活的，如果你覺得最近女友排斥和你發生關係，那就應該要檢討一下你在做愛方面，是不是太過粗魯或是不夠溫柔？這些感受都會讓對方不想跟你親熱。

其實也不是要你有多高超的技巧，前戲也花不了你多久的時間，那是種醞釀情緒的感受，只要多一個擁抱、親吻加深一點、多親一點頸部和敏感地方，就能讓女人放鬆。男人們，下次在進行床上的事時，別忘了要做足前戲、對你的另一半好一點喔！

issue 36

床上的事2：男人看A片是精神出軌？

有個讀者和我聊感情的事，一開始很難啟齒，我請她放心，我通常不會去記誰是誰，她才害羞的跟我說，她和男友交往二年了，感情很好、性事也很合，可是前幾天她發現男友居然在看A片！覺得很不能接受，已經都有做愛了，為什麼還要看A片？難道和她做愛還不夠？

相信這是很多女生在意的事情，到底為什麼有性生活，男友還需要看A片？這樣不是精神出軌嗎？跟我做的時候會不會都在想A片情節？會不會幻想自己在和女優做愛？這是很多情侶間爭論不休的問題。

這時候無論男生怎麼解釋都沒用，因為如果你說你愛她，女生就會認為既然愛我，為什麼還要看別人？如果你說，看A片只是紓解一下，女生就會認為，你跟我做愛不夠紓解嗎?不夠滿足嗎?這就像和女友走在街上，你不能看別的正妹的意思一樣!

其實，姐妹們，妳們都誤會男人了，男人本來就比較小頭思考，喜歡看色情片、書刊，都是正常的，我曾經看過男生朋友的群組，他們裡面全部的貼文都在分享A片載點，或是大奶妹的照片，我看到整個傻眼，**這麼無聊的事情真的是只有男生做得出來!**他們不是聊車，就是聊妹、聊A片，沒其他好聊的。

男人本來就有天生的需求，性衝動也比女人高，加上他們是好奇的動物，偶爾兄弟分享來的載點看看，對他們來說根本是日常生活的一部分。

當然這類事情多少會隨著年紀而有所改變，畢竟步入家庭的男人，工作和家庭都自顧不暇了，可能會變成偶爾才看一下，不要變成沉溺其中就好，偶爾看看不影響生活，當然是沒關係。

因為男人比較追求視覺上的刺激，也不是說他們喜歡A片上的類型，而是那就是一種渴望，就像妳會愛上韓劇男主角一樣，渴望現實中遇不到的男主角來拯救妳乏味的人生!

A片和現實生活有很大差距，一般正常男人是絕對能夠分清楚的，偶爾看看、不影響性生活就好，曾看過有新聞說老公病態性的沉溺A片，每天一直看、打手槍，結果對老婆性致缺缺，這真的就需要去看醫生了！

還曾遇過一個男生朋友，非常愛看A片，而且瘋狂迷戀A片界的某個女優，講話聊天、開口閉口都是女優的名字，甚至還異想天開想去日本參加女優見面會，想像著可能有機會跟夢中情人來上一砲！**像這樣當然就太超過了，連其他男生朋友都覺得不太正常**，無法理解他腦筋在想什麼？除了這種極端的之外，大部分男人還是很正常的，不需要太緊張。

我也曾聽過有些朋友會和男友一起看A片，偶爾了解一下男友喜歡的類型，甚至會角色扮演來增加情趣，但前提是彼此要開心、不勉強對方有不舒服的動作，尊重對方感受。

其實，對很多男人來說，看A片是青春期就開始的習慣，他們根本不覺得這是件多嚴重的事情，很多男人看A片不見得是因為不滿足，有時候純粹就是習慣看一下，或是兄弟們聊天的話題，因此面對女友的憤怒，他們常常抓不到要點來辯解。

最後，別再為了禁止男友看A片而吵架了，男友還是很愛妳，只是男人和A片的關係是相互依存的，從還是個男孩開始看到現在，是一種可以滿足幻想，又省時的方式。

另外，別把性想得這麼禁忌，當男人看A片而忽略妳的時候，女人應該要主動出擊，問問男人最近關於床上的事，兩人的配合度等等，讓男人感受到女人的主動，這就是為什麼男人喜歡看A片，裡面的女主角總是主動又聽話，這是一種男人的幻想和愛好，所以別再為了這點小事大動干戈，跟他喜歡的女優吃醋，更是浪費精神。

issue 37

床上的事3：床事好膩，該換「配菜」囉

我認識不少年長的男性朋友，他們事業有成、常常出外應酬，看起來家庭幸福和樂，但是聊到老婆，他們常說在我們那個年代，選老婆都是選乖的、會顧家的，長輩看了順眼就好，婚姻中愛不愛反而不是那麼重要，成家立業比較重要，有了孩子，兩個人聊天話題都是孩子，性方面根本是聊備一格、可有可無，甚至早已分房睡了。

問這些年長男性一開始就是如此嗎？他們說當然不是！剛開始多少也是有一段濃情蜜意時期，但可能感情基礎不深、或是性事長期沒變化、缺乏前戲和氣氛，久了就很膩了，**上床只是交差，自然提不起興致。**

不是只有年長伴侶，很多年輕伴侶長年下來也容易陷入一成不變的乏味感，結果和另一半之間的互動只剩日常問候和小孩。

對老婆來說，只要另一半有盡一點爸爸和養家的責任，其餘就不會太要求了，但是對男人來說，尤其是正值青壯年的男人，他們對性還有很大的需求，如果和老婆超膩的，那會如何向外發展就令人擔憂了。

到底對婚姻而言，床事重不重要？兩個人貌合神離、分房已久這是我們想要的婚姻嗎？正在對婚姻幻滅時，朋友中有一對幸福的夫妻，結婚已經二十幾年，兩個人還是保有共同興趣，現在退休會一起去爬山，即使到了這麼老，對床事也是不馬虎呢！

年長女生朋友跟我分享，她說結婚久了自然會提不起勁，偶爾就是要換地方、換個心情，打扮一下讓彼此都擁有不同的感覺，年紀大了當然不可能很頻繁，但久久一次，雙方都很用心才可以保持愛情的感覺。

其實，即使結婚多年，擁抱和性愛還是很必需的，畢竟男人的慾望會比女人來的強烈，如果女人都興致缺缺，難保男人會管不住下面，因此我覺得，床事這件事對兩性而言是重要的，不能隨便敷衍。但是到底膩了要怎麼恢復？

一、主菜不能變，配菜隨時調整。

主菜（人）永遠不變，同一道菜你吃了十年，自然會膩，因此就要改善配菜的部分，例如氣氛和地點。

營造氣氛對於床事是很重要的，氣氛營造得越好，性事越加分，例如燈光、音樂、鮮花、前戲，女生可以邊泡澡、邊勾引老公，可能喝點酒助興，身上有點泡泡，或是沐浴後抹些香香的乳液、換上比較性感的內衣等等，如此催情的場面，男人自然容易勾起興致。

二、姿勢不可永遠不變。

老招式總是會讓人膩，因此改善彼此床事就從新招式開始，花招自己想、或是參考一些書籍和影片，裡面都會有一些教學引導，可能因此開啟夫妻新情趣呢。

三、換個地方吧！

有小孩的夫妻最能明白，有了小孩以後床事只能快速解決，之前藝人艾莉絲說和前夫的性事從有小孩以後就很不ok，因為先生覺得有了小孩，不能盡情地叫，這樣很怪，導致兩個人床事不合。

既然小孩在隔壁無法盡興，那就換個地方吧！誰說和老婆（老公）不能去汽車旅館呢？只要兩個人覺得開心，偶爾換個地方也是很棒的一件事，或是平常不會想到的做愛場所，例如廚房、陽台、洗衣間、書桌上、車庫等等。當然一定是孩子不在或夜深的時候，安全也要顧好，讓雙方都能盡興一點，想像如同出外野戰，說不定很能刺激男人的慾望。

四、太忙太累沒時間是大忌。

其實這是找理由拒絕愛愛的一種，雖說有了小孩以後確實時間忙碌到抽不出空，但只要仔細想想就可以發現，交往時即使再忙再累，約會也是抽得出時間的，那婚後更要如此阿！即使擠出一小時出門約會一下也好，重點是過過兩人世界，只要能夠重溫過去的浪漫美好，性事自然就會有所改善

五、角色扮演。

說到這個，很多女生就很排斥，但是男人會非常喜歡，另一篇看A片有寫到，男人看A片是因為可以滿足幻想，只要不是令人不舒服的ＳＭ，其實女生應該要嘗試一下，對感情增溫絕對有好處。

譬如老公是喜歡制服派的，妳偶爾可以扮演女僕、學生妹或是女老師等等，穿穿不一樣的衣服讓老公覺得好特別、好刺激。可以看老公是喜歡哪種類型的，試著讓對方驚艷一下，都有助於改善床事，也讓做愛不再是乏味的交公差。

女生要放得開一點，不要小孩都生了三個，還覺得提到這種事情很丟臉，人有性慾本來就是很正常的事，沒有才要看醫生吧？男人也是，要多了解另一半的需求，而不是顧著自己開心就好，多溝通、多聊聊、多一點前戲，女人很需要前戲的引導，不是說你想要，老婆就上床配合，這樣太隨便也不夠用心。

想想你們交往時、追求老婆時，要上床都用足心思來取悅，為何結婚多年就懶了？只想打一砲解決生理需求，老婆是娶來疼惜的，不是你想要時圖個方便的工具。

床事是兩人感情互動的關鍵之一，如果你的女人總是拒絕與你發生關係，那你可能要檢討一下，是不是技巧太差，讓她沒興致？還是你平日不用心經營婚姻，讓她對你日漸厭煩？**因為女人會把相處問題擺在性事之前**，你和她相處不愉快，她絕對不會想要和你發生關係！

issue 38

超殘酷！男人心中的OS

最近和朋友聚會，其中一位男生朋友提到了一些關於男人飯局時說的話，像是女友想要浪漫的求婚以及結婚的要求等等。

男生朋友說：「我女朋友說結婚後不想工作，想要待在家照顧小孩，問題是她說一結婚就要辭職讓我養，經濟壓力全都落在我身上。」

哥們：「你女友以為她活在古代嗎？現在雙薪家庭很多好不好！」

男生朋友：「她說先決條件就是，不要住婆家，要先買好房子，問題是在台北市誰買得起？」這不僅是我男生朋友心中的哀嚎，應該是大部分男人心中的哀嚎。

他說：「每天努力工作打拼存約會錢、帶她到處旅遊玩樂還不夠，還要因為女友不想住家裡，得先買好房子才要結婚，重點是有了這些還不見得讓女友點頭，得要有浪漫求婚、閨蜜到場，外加感人影片，才願意答應結婚。」

哥們：「莫非她是林志玲等級喔？娶林志玲搞不好都沒你女友煩！」

而結了婚也不是很輕鬆，女友不想工作，到時候養家、養老婆、養小孩的花費全都仰賴他一份死薪水，又不是月入百萬，想到就覺得壓力大到喘不過氣。

我身邊很多男生朋友都同樣苦哈哈，除了養家、養老婆，還要供應所有玩樂禮物花費，加上很多老婆婚後一改溫柔姿態，每天嫌做家事累，**不給下班回家的男人好臉色**，難道男人打拼就不累嗎？

回到家也不能抱怨，因為老婆一整天在家做家事，已經很不爽了，所以回家不能看電視、不能玩手機、不能跟哥們出去混，得要陪陪老婆、哄老婆開心。

拜託！這是什麼世界？幹嘛花大錢住進地獄裡?!這樣的生活還有樂趣嗎？

不是說好女性主義崛起了?為什麼談論到結婚時，又變成男人要負責養家了!然後吵架時，就擺出女性主義姿態，錢賺不夠會被嫌不夠努力、能力差;辛苦上班賺錢回家也不能好好休息，要幫忙做家事，因為現代社會提倡兩性平等，男人再累，回到家也應該分擔家務事，這是什麼道理!不是說好妳在家顧小孩、我上班賺錢嗎?

妳整天在家打理、顧小孩，沒有主管盯、沒有業績壓力要扛、沒有經濟壓力的重擔，我工作時時待命，做不好要被主管罵、回家被老婆唸，嫌你賺不多!

妳們女人自己憑良心說，當初不就是妳說要在家當賢妻良母、打理好家庭的嗎?不是說好一人主內、一人主外嗎?有什麼好抱怨的!所以男人也可以抱怨妳太懶、都不出去工作分擔一下經濟嗎?

再來什麼紀念日一大堆，拜託!廠商搞出這麼多名堂不就為了賺錢，我們男人就必須要乖乖聽話買單，否則又要落人口實、惹太座不開心，三不五時給你個臭臉，以拒絕跟你親熱當作懲罰!

妳怎麼不想想，我們男人根本不喜歡過節日，不但要記住一堆日子，還要提前安排驚喜、訂好餐廳、買好禮物。禮物還不能隨便買，要努力想一下妳平常有沒有什麼明示暗示想要的東西?不然就是不夠疼妳、愛妳、在乎妳!

男人就是天生不愛過節啊,所以我們才一個父親節,過節多麻煩!因為我們腦子就是沒記性,記不住什麼西洋情人節、七夕情人節、交往紀念日、第一次紀念日、結婚紀念日、聖誕節、生日、母親節、跨年、妳媽生日、妳爸大壽……什麼鬼的一大堆!

過年還要帶豐厚的禮物和紅包去打點妳家人,紅包不能太寒酸,不然就是不重視妳家人,感覺幾乎每個月都有節日可以過啊。

最令男人害怕和詬病的,就是過節這件事了,我有個男生朋友就是堅決不過節日,他說每到節日去哪裡都貴,根本就是讓廠商賺錢而已,不過節日,你去哪裡吃什麼都無所謂!當然他的女友頗有微詞,但最後還不是嫁了?所以男人有時候要堅持點。

有個女明星更是誇張,她曾經說:「花男人的錢才叫被愛。」是把男人當什麼了?網路上女粉絲紛紛表示贊同。現代人的觀念真是奇怪,如果男人花女人錢就被說是小白臉、沒出息,非常難聽,女人花男人錢就代表被愛、被珍惜。

我們男人不是不愛給承諾、不想結婚,而是結婚後的事情太麻煩、太複雜,**這些麻煩**

講好聽點是責任，難聽點就是負擔！

每個人都知道，婚後男人要承擔的責任非常多，下班的時間要控制，不能為了績效去應酬，因為家裡還有個女人會等；但是久久不升遷、不加薪，又怪你能力太差、沒出息，真是「唯小人與女子難養也」！

看完這些男人在聚會時討論的話題，會不會覺得好驚訝，原來他們是這樣想的？其實，男人和女人看事情的角度本來就不同，男人是野外動物，女人是築巢動物，在天性上，男人本來就愛冒險且怕麻煩、渴望自由享樂，而女人生來就安於穩定、喜歡男人帶獵物（禮物和食物）回家、寵愛她，因此造成很多想法上的不同。

所以兩性關係要幸福美好，需要雙方多溝通，畢竟站在男人的角度，**確實有些女人的要求是自私的、貪慕虛榮的**，對男人是很大的壓力，他做不到也不代表他不愛妳。

平心而論，如果妳是男人，遇到這樣的女人你怕不怕？會不會說的更難聽？所以多體諒男人，有助於關係的維繫。

issue 39

男人、女人，各自冤孽

在愛情中，很多人智商都會降低，變成傻子、失去判斷力，關上耳朵也閉上眼睛，看不出來對方有多大的問題，旁人都看得一清二楚，只有自己當局者迷。

曾遇過一個男性朋友，把女人分為兩種，一種是極度需要保護的，而另一種則是獨立的女人。極度需要保護的就是他的前女友，善良天真可愛，家世悲慘；而獨立的女人則是現任女友，能力強、事業心重，但太過好強這點讓他總是吃不消。

周旋在兩個女人中，他很為難。因為現任女友總是會忌妒，而他覺得前女友是他的責任，沒辦法拋棄，即使影響戀情也沒關係，煩惱著三角關係的他，求助於我。

「你和前女友之間，可以多說一些嗎？」

「她小時候家境很好，後來父親再娶，她被後母趕出來，孤身一人流浪在外，遇到她，我總覺得像是王子遇到公主，拯救了她。我把所有薪水都交給她，能夠滿足她想要的、能夠讓她覺得快樂的事情，我都會努力去做。」他想起了上段戀情，總是美好又滿足的模樣。

「那怎麼會分手？」我接著問。

「她被我發現和其他人曖昧，她說我滿足不了她。」至今這段戀情仍舊讓他心痛。

「你們當初怎麼認識的？」聽了開頭，大約就猜到結尾。

「愛情公寓，她帳號被別人盜用，傳了援交訊息給我。」他淡淡的說著。

王子極度呵護公主，為她辯解，不相信她真的墮落，而努力工作的薪水全部付諸流水，仍舊滿足不了一段帶著欺騙的愛情，最終公主需要更多的物質來滿足，於是離開了。

他不曾提到和她見面時如何相處和開心的回憶，一直提到的就是這女人有多令人心疼，到現在還認為只要自己再努力工作、賺更多錢，公主就會回頭、只愛他一個人，為他遠離其他男人。於是，這段戀情到現在還在糾纏中。公主只要財務上有問題就會找他，**哄哄他、說些沒他會死的廢話**，拿到錢又再度消失。

很妙的是，男人完全不覺得她有問題，他始終心甘情願，單純覺得拯救了公主而感到快樂。

這個男人耳朵是關上的，任何建言都聽不到，在女人編織的美好故事中，男人是個拯救者，而女人則是公主！英雄主義似的愛情，讓男人最陶醉、最難以忘懷。

事情就只能如此了，男人就是忘卻不了英雄般的感覺，而那位現任女友，大概不用多久就會被甩了吧？沒人能夠打醒男人，只要當事人不想清醒，誰說都沒用。畢竟，誰想聽到殘酷的話：「親愛的，你被詐騙集團和剝皮妹騙了！這個故事我在酒店已經聽過十幾個版本。」

幾年過去了，我不知道男人清醒了沒？大抵有聽到一些消息，女友換了又換，可能還在和前女友糾纏吧，所以後來的都撐不久，有誰想跟可憐的前女友計較，就是不夠體貼。

這是一段孽緣，或許，某天他親眼見到剝皮妹被抓的消息、或是終於破產、一文不名，他的眼睛才會打開，看懂現實有多麼殘酷。

而冤孽的女人呢？很多女人都曾遇過一種男人，喜歡搞曖昧，明明有女友卻謊稱自己單身，讓人覺得很奇妙，到底是為什麼？如果真的很愛女友，何必隱瞞？既然不愛了，為何不分手？

有朋友遇到這種男人，總是摸不著對方的心態，男人偶爾消失不見、偶爾噓寒問暖，對於兩人的關係，習慣用微笑帶過，妳害怕多問就會失去對方，只能心裡乾著急。

妳以為你們超越朋友的關係、已經認定彼此是男女朋友了，然而，男人仍舊不表態，妳甘願繼續待在身邊毫無名分，也不敢和朋友表明自己有男友，因為妳其實心裡有數，**這樣的交往不像男女朋友、更像是肉體關係。**

當男人周旋在多個女人間，心態就是定不下來！他想要的不是愛情，只是陪伴和性，這是種劣根性，就像美食當前，希望嘴裡吃的、眼裡看的通通都要有，而妳就是他的雞肋。對於定不下來的男人，除非妳是很有度量的女人，將男人的花心當成博愛，否則很難包容對方愛沾腥的個性。

很多女人糊裡糊塗被男人的甜言蜜語所蒙蔽，沒有在第一次男人做錯時選擇離開，長久包容男人性喜曖昧的行為，面對朋友的規勸，還會幫男人說話，樂於當笨女人。

如果現在妳的男人常常會無故失聯，請不用再多為對方找藉口了，正常的交往關係是不會慣性消失不見，或是若即若離的！

女人總認為愛情等久了就是自己的，付出總有一天會回收，但這種關係根本不健康，等久了也不見得是妳的，反而最終什麼都沒有。但是一樣，勸都沒有用，說太多還跟你翻臉！耳朵關上、眼睛閉上的曠男怨女何其多啊，電影才能一直有題材來搬演。

issue 40

每個女人心中都有個超越情人的閨密

女人經歷很多時刻，陪伴在身邊的往往不是情人，而是最好的閨密，很多男人不了解，女人間的友情可以好到什麼程度？

好到所有好玩、有趣的事第一個想要分享、好到學生時期上廁所都要手牽手、好到可以親親抱抱，所有糗態只能閨密面前呈現。

所謂的閨密是，在妳失戀時比妳還憤怒、比妳還難過；在妳遭遇挫折時，想辦法鼓勵妳、引妳走出低潮、許多話妳不用說，她馬上知道妳在想什麼，比情人更懂妳，好到妳所有心事只和她分享，包括不想讓情人知道的事情，她總是看著妳一次次受傷、陪妳走出一次次失戀。

遇到難過的事，妳會毫不猶豫的打給閨密，因為她總是溫柔的陪在妳身邊，她知道妳的每個時期、參與妳每一次重要的時刻：初戀、畢業、工作錄取、結婚、生子等等。

妳們曾經天天一起上課、一起聊天講八卦，即使畢業後造成彼此的分離，卻不會影響妳們的感情，只要聚在一起，仍然可以吱吱喳喳的講個不停。妳們擁有很多青澀的回憶、做過最瘋狂的事，所以她比妳的情人還了解妳、知道妳的地雷、知道妳所有的缺點，但還是能夠包容妳。

當妳覺得孤單的時候，二話不說馬上抓妳去唱歌；當妳覺得倒楣極了，她會放下手邊工作陪妳出門散心；她知道妳戀愛了，就給予妳祝福和空間，讓妳好好享受愛情，打從心底為妳開心，這樣的朋友，叫做閨密。

現在，妳有想起誰了嗎？

我想起大學時候，專注的追尋愛情一路跌跌撞撞，那時候有個交往快三年的男友，脾氣差、多次劈腿偷吃，我最終傷心的搬離共同住處後，就和閨密一起同住，那時姊妹們陪我一起罵渣男、一起聊天散心，陪伴我走出低潮。只有閨密會在妳難過時陪伴妳、跟妳一鼻孔出氣、在妳無助時伸出援手，給妳大大的擁抱和安慰。

一路走來，這些年的友情即使隨著結婚、發展事業而各自天涯，有時候好幾個月都碰不到一次面，有人要顧家、顧小孩，有人和新男友去旅行，有人一出差就是一個月，大家很難得找到時間聚在一起聊天、談心，但是當姊妹們都聚在一起時，那一刻彷彿時間回到從前，妳會發現感情一點也沒減少！難怪有人說，**好的閨密有時候比男人還可靠**，遇到真心的朋友真的是可遇不可求。

比起情人，閨密在妳心中的地位重要多了！因為她陪同妳的時間比情人還久，和閨密在一起，妳永遠不用猜心、不必虛偽客套，也不用像擔心情人的行蹤一樣不安，這種朋友永遠讓妳很放心，是一種最可靠的存在。

跟她們相處是最輕鬆的事，可以一起做些蠢事和瘋狂的事，去陌生的國度拍些無厘頭的照片，可以一起罵罵討人厭的主管、一起講些未來的規劃。

心理學大師說：**「每一個閨密都會反映出我們的潛在性格。」**

像我的閨密就是瘋瘋的、很開朗，每天只要說說笑笑就可以過一天，因為我個性比較嚴謹，很嚮往無拘束、傻傻過生活的感覺，因此和她們一拍即合，友情從大學延伸到現在大家各自結婚生小孩，一、二個月聚會一次，仍舊吱吱喳喳的個聊個沒完。

友情和愛情一樣，無法預測，也無法想要和誰要好就可以要好的！這一切都是緣分和默契，常常因為一個小的點，彼此就變成一輩子的好朋友。

隨著年紀漸長，妳會發現，友情的脆弱，有時候也容易因為一個疏離和摩擦，彼此終生不再聯絡，就像談戀愛一樣，因此，還在妳身邊的好閨密要好好珍惜，朋友在精不在多，能夠陪伴妳、打從內心喜歡妳、不會忌妒妳的朋友，才是真正的好閨密。

issue 41

先確定這五件事再結婚

結婚前每個人都帶著不同的觀念和想法準備進入婚姻生活，從來沒有想過，**有一天我們勢必要為這個婚姻改變自己**，我們都以為會過著和原本差不多的生活，婚後才發現，原來不同家庭、有那麼多不同的要求和標準！

幸福的選擇權一直在你手上，不要被旁邊的人所影響，你是當事人，只有你懂得自己要的幸福是什麼，有幾件事最好在婚前就很確定，所有的決定，都要忠於自己的內心，否則寧可不結婚。

一、對方一定是要真正愛你的人。

即使吵完架，仍舊還是和你在一起、幫你分憂解勞，就是真正愛你的人。

有句話說：「真愛就是吵過無數次，仍舊會擁你入懷。」對方雖然受不了你的缺點和小毛病，但是碎念過後，仍舊會動手幫你收拾；就算激烈大吵，但是吵完還是會主動關心你、擔心你。

我和奶爸早期爭吵是天崩地裂的那種，他的個性是越對他兇他就會越兇，直到我了解了他的個性之後，自己先改變，因為我們真心相愛，不想吵出感情裂痕，所以我們懂得在氣頭上轉移話題的重要性。到現在我們爭吵，他一開砲，我就先住嘴，兩個人各自冷靜；或是我生氣時，他就找話題逗我開心，等到過一會兒我們就各自消氣了，婚姻生活沒別的，就是別把怒氣放在心上。

二、帶給你正能量。

和情人交往，快樂是最重要的一件事，從戀愛交往到走入婚姻，也需要根據這個基礎來決定，倘若交往都不快樂了，怎麼可能進入婚姻？

一段感情中，除了兩人相處的快樂，**最重要的就是這段感情帶給你正能量，而不是耗損！**不論和誰交往，一定要開心幸福，而不是勉強忍耐壓抑、委屈配合。

三、做真正的你、喜歡現在的自己。

千萬不要談什麼戀愛就變成什麼樣的人！不要因為愛情就變得四不像，也不要因為戀愛而想要討好任何人，你最應該討好的就是你自己！要讓自己愛上現在的樣子，要做真正的你，這才是正確的戀愛方式。任何的偽裝、任何的迎合都是不需要的，日子久了，總有一天這些偽裝和迎合會讓你疲累、變質，別人應該要喜歡沒有偽裝的你。

我始終認為做自己很重要，我是個反骨的人，如果男友要求我改變，我就會跟他吵，奶爸一直都蠻了解我的個性，所以他從來沒有開口要求要我做任何改變，即使是我的缺點，他也從沒嫌棄過，他知道我不喜歡被要求，因此他會自己先做好，再讓我看到。

這招很有效！像每次看他旅行回來都把行李收拾好才睡覺，一個人忙了老半天，也不會要求我和他一起收，一年後，我改變了自己的懶散和凌亂，只要旅行回來，我會開始和他一起收，把自己的東西和孩子的東西拿起來，並且教導孩子一起收，減輕奶爸的負擔。

四、如果會迷惘，就不要愛了。

一個愛你的人絕對不會讓你覺得迷惘，如果現在的你常常對未來感到困惑、對眼前的人感覺到不安，那麼相信我，**他絕對不是你要的人！**

感情中，有些人可以給你很多的愛、滿滿的安全感，有些人卻吝嗇的只給你米粒般的安全感、和微不足道的愛！跟不同的人戀愛，會得到不同的感受，既然可以選擇滿滿的愛和安全感，又何必屈就於不安的對象呢？要知道，相愛再深，也有消磨的一天，當愛減退，**不安的人會加倍令你痛苦。**

我有個朋友她正面臨重大的抉擇，那就是要不要和男友結婚？因為男友心還不定。雖然兩個人交往了幾年，可是男友的心態還很愛玩、缺乏責任感，感覺每天只在乎吃喝玩樂過日子，讓朋友不知道該不該就這樣結婚？可是年齡三十七歲的她，已經沒辦法等下去了！

我勸她，如果眼前的人沒這麼適合，還不如不要結婚，婚姻是一輩子的事，婚後生活事情很多，如果這個男人還要妳照顧，不如不要！現在你們是激情熱戀中，妳不捨是正常的，但是回歸繁瑣的日生活時，妳還能忍受這樣的男人當妳老公嗎？

五、放棄不是失去，而是得到。

放棄眼前不好的人，並不會讓你失去什麼，緣分這件事是安排好的，如果一直讓一個不好的人占著身旁的位置，那麼好的緣分如何到來？總要先放棄，才能得到更好的人吧，不是嗎？千萬不要為了結婚，而硬是屈就一個不是最想結婚的對象！離開不對的人是件好事，你才能遇到對的人，以及擁有幸福的婚姻。

issue 42

閃婚後才發現
花錢心態差很多

身邊有個朋友和男友交往二、三個月，不小心懷孕了，兩人討論後決定結婚，但是隨著相處時間增多，朋友發現和男友的價值觀差異很大，不過既然已經決定結婚了，朋友覺得在怎樣都要好好相處、盡量降低差異，**可是個性中最難磨合的就是價值觀這件事了！**不是說改變就改變得了的，磨合到後來總是朋友委曲求全、一再讓步，實在很辛苦，兩人也開始出現大大小小的爭吵，她問到底該怎麼辦？

婚姻相處若在價值觀上有差異，就很難維持和諧，畢竟小自生活上的花費，大到先買房還是先買車？再到小孩教育、旅遊花費等，很多事情都必須有共識，才能在一起。

朋友說，從她懷孕開始，就為了該先預留小孩的教養費、還是趁兩人世界時多出國旅遊一直吵，平常有時候她想吃餐廳，但男友堅持路邊攤就能飽了，餐廳太浪費錢，氣到她

開始懷疑這個婚還能不能結？

我有一個女生朋友也是從小家境富裕，從沒吃過路邊攤，但她愛上的卻是個窮小子，談戀愛時沒什麼感覺，結婚後才發現差異頗大，老公不習慣吃餐廳，認為她花錢習慣不好、嬌生慣養，而她覺得老公價值觀有問題，該花的不花、不該花的卻亂花，兩人始終為了用錢的觀念不同而爭執，最後把感情吵淡了，也就離婚了！

價值觀有問題，難道真的只有離婚或分手一途嗎？每個人的價值觀來自原生家庭，和家境多少也有關係，帶著原生家庭的經驗和習慣一起生活，難免會意見相左，這是常見的事，其實就算價值觀相同，也會因為認知和個性不同，而有所爭執，所以，真正能夠改善的就是彼此的包容心。

我和老公價值觀差異也很大，一開始相處也是常爭執，他習慣吃美食，但我覺得隨便吃就好；他點餐總是點最貴的，我總是點最便宜的，因為我從父親那裡學來的觀念是：**「省錢和存錢就是賺錢！」**我以為這樣是最好的。

然而，我每任男友都告訴我，叫我要對自己好一點，或許連他們也看出來了，這樣的省錢生活不是件開心的事，於是遇到老公以後，我換個角度去想，還是會省錢、存錢，但是有些花費和享受就由他來決定，我不過問，這就是包容彼此的差異。

沒有誰的價值觀比較對，彼此一定要心平氣和的相處，婚姻本來就是要站在對方的立場多著想，老公也不是什麼都愛花錢，他自己去出差就很省，住最爛的旅館、隨便吃簡餐，好幾次問他幹嘛這麼省？他說：「我一個人時其實無所謂，跟你們一起出門是想讓你們吃好的。」

這是結婚五年後，某次我們聊天他才告訴我的，如果一開始我沒有體諒和包容的心、我們沒有找到一個平衡的方式來相處，或許早就吵到分手了。

而爭吵時的「停看聽」很重要，我和老公的個性南轅北轍，一開始爭吵也是很激烈，後來我發現這樣不行，持續下去只會影響到小孩和夫妻感情，於是，吵架時我開始冷處理，等他理智恢復後才跟他說話。

男人就像個大男孩，**爭吵時妳要有媽媽的包容心**，等孩子怒氣消了再慢慢和他討論對錯，如果一開始在男孩鬧脾氣時，就搶著和他爭論，只會有反效果！

婚前生活上的爭吵或許能夠一笑置之，但結婚後你會發現即使再小的事，你都難以忍受，主要是心態問題。價值觀的爭吵和家務事誰來做一樣，只要一有計較就吵不完了。

吵架的當下，記得先冷靜一下，觀察對方的情緒是否平復後再溝通，溝通時多聽聽對方的想法和原因，不要未審先判。因為我相信，沒有不聽話的孩子，只有沒耐心的媽媽；沒有溝通不來的事情，只有不願意溝通的兩個人！

issue 43

婚姻需要想像力和粗神經

朋友的動態三不五時總在抱怨老公，把家務事拿來讓大家公審，似乎只有看到大家幫她一起罵，才能讓她消氣。

但是每次這樣做了之後狀況都沒有好轉，朋友還是一直敲我、和我訴苦，訴苦的重點不外是覺得老公真的很廢、不體貼、不了解她在想什麼、總是狀況外，每天跟他相處都很痛苦。

我問：「老公哪裡廢？哪裡不貼心？」

她說：「每天下班回家就廢在那看電視，要不就是打電動，什麼話都不和我說，小孩也不陪，到底眼中有沒有老婆和孩子啊？」

我：「那老公從來都不陪孩子嗎？」

她說：「老公會幫孩子洗澡，以及假日偶爾帶他們出去玩。」

其實，細細聽下來，覺得這個老公也不見得很糟糕，起碼他還是會幫忙孩子洗澡以及帶孩子出去玩，算是個會陪伴孩子的老公。我很想跟她說，其實如果可以把老公想像成是她每隔一段時間就很迷的韓劇歐巴，或許心情可以轉換一下。

如果是我，我會等老公情緒比較好的時候，例如假日陪伴孩子的時候，再來找他聊一聊，一開始可能不會直接問他為什麼總是下班看電視或打電動？可能會問問他最近的心情如何？工作和同事怎麼樣？

男人並不會平白無故就很安靜，除非他天生就不愛說話，否則通常打電動和看電視往往是種放空逃避的行為，有可能是平常壓力太大或是有煩心的事情，先別急著斷定和抱怨，找出原因比生氣和責怪更重要。

像我為了讓老公和我有共同話題，我會邀他一起看韓劇，邊看邊重溫熱戀的感覺，順便問問他記得以前我們做過什麼事嗎？

你想想看，兩個人同住一個屋簷下，如果一直各做各的事情，那有多疏離？偶爾找些事情讓兩個人增加親密感、增加討論度，讓老公知道妳需要關心和互動，因為男人不可能永遠都了解我們的想法。

之前奶爸有陣子和我很疏離，當時他常生病，話也變少了，一開始我都放在心裡，但是我對這種事是個急性子，也不可能都悶著不問，大概沒幾天我就趁睡前好好和他聊一聊，把內心覺得他奇怪的地方都說出來。奶爸說是因為他最近都沒睡好，一直失眠所以話很少。

你看看，**女人遇到男人不說話總是往壞處想**，像是擔心他變心、有沒有別人啦，實際上，男人可能根本沒多想什麼，單純就是因為累、沒睡好，因此遇到這種事，與其生悶氣、胡亂猜想，還不如直接抓過來問清楚比較直接。

夫妻間相處沒有別的，就是想像力加上包容力！

所謂的想像力，就像看韓劇會把男主角想成是妳的男友或老公，他的溫柔深情只為妳而存在一樣，就是這種感覺，當妳能夠把身邊的男人想像成世界上最好的男人，這樣的相處會不會好多了？

就像熱戀時，妳看對方怎麼看怎麼順眼，那時候他不就是妳的韓劇歐巴？身邊這個男人，當初妳也曾經認為他最好、非他不嫁啊！怎麼生活過久了，我們就缺少想像力和包容力了？如果老是把對方想成最壞的人、怎樣看都不順眼，那他就是一無是處的壞人了，不天天吵架才怪。

像奶爸願意做家事，我就認為他的好可以抵過無數次不好了，我很容易滿足，**要學會將另一半的好放大**，相處起來才會輕鬆，而且神經最好夠大條。

奶爸的脾氣很急、很容易不耐煩，有時候天氣熱流汗，他也會不高興，而他每次對我不耐煩時，我的處理方式就是冷處理，但這真的不是件容易的事。之前一開始和他對戰，我發現他很容易被激怒，激怒之下很容易失去理智，幾次之後我就決定換個方式，越不鳥他、越不隨他起舞，他越怕。

一般來說，我睡一覺醒來通常就會忘記跟他生氣的事了，真要每次都記得被他惹毛的事，我恐怕早就氣死了！這也是我的好處，不容易去記住對方的缺點。

此外，像我和奶爸常常發生的一些趣事就是，有時候他發脾氣，我總是很粗神經的沒注意到，有一次他衝到我面前，講了幾句話之後又衝出去，我心想，他是尿急嗎？沒想到隔了十分鐘，他又跑回來跟我說他剛剛為什麼生氣，我才粗神經的說：「啊，我剛以為你尿急耶！」他聽到這句話也忍不住笑了，表情緩和很多。

有時候，常常他說了什麼過份的話或是對我不耐煩，當下我覺得好像不太對喔，但是等我醒悟到他這樣真的很不應該的時候，實際上已經過了二天了，我跟他說：「你前天好像有點過份耶。」那時候他的心情早已轉好，可以和我嘻皮笑臉的解釋。

奶爸常說，他很羨慕我的粗神經，可以大而化之，什麼都不太在意，而且過得很知足。

我後來發現，這種粗神經的個性才是能夠和他相處融洽的緣故，吵架時，如果兩個人都意氣用事，很容易擦槍走火，釀成大吵，而我和奶爸後來大吵的情況很少，**因為總是在我慢半拍想起來要找他算帳時，事情已經過了好幾天……**

如果換成是我被惹到想吵架的話，我總是會用想像力告訴自己：「別人家的老公也沒辦法像奶爸這樣，會做家事又很體貼我，他已經很不錯了。」想完這些氣就消了。

一定要把自己的老公想成最好的，這樣妳就不會想要時時抱怨、時時吵架，當然這也不是一時半刻就能做到或是改變的，我和老公也是經歷過多次磨合，我看出他的個性以後，才能夠調整成這樣的模式。

一開始和奶爸觀點不合時，譬如花錢習慣以及先買房還是先買車？我們爆發過大吵架，奶爸還氣到衝出家門，幾次之後，我冷靜思考，發現這不是我想要的婚姻，也不是小孩子適合成長的家庭環境，於是我修正自己和他相處的方式：他多說幾句，我就少說幾句；他大吼，我就閉嘴，**吵架也要懂得「互補」，才會吵不起來。**

吵完之後我也和他聊過他的情緒問題，他的情緒比較無法控制，很容易爆發出來（這幾年已經改善很多了），要和他相處就要先明白他的情緒會有點無法控制，這其實也不是什麼大問題，有些人情緒上來就是比較快，而我的脾氣比較溫和，因此吵架時我就多包容他，因為人不可能永遠沒有脾氣，像是一個月來一次的脾氣（大姨媽），換他包容我，彼此有心、懂得互相最重要。

記住，婚姻要和諧，**千萬不要和氣頭上的人爭執！**因為誰也聽不進去，這時候不用勉強對方一定要聽進去我說的話，畢竟吵架誰都講不出好聽的話，我通常都會等他生完氣半天或一天後，心情平靜之後再找他聊聊。

而從結婚到現在，他的大發脾氣的次數開始有減少，**因為吵架就是想要看到對方的反應**，你反應越激烈，他就會越想和你吵，反之，如果你很冷靜，對方怎樣也吵不起來。

我常想，婚姻其實不是愛情墳墓而是種考驗，步入婚姻之後真正考驗的是兩個人的差異以及包容能力，婚姻幸福也不是想要就能夠擁有的，都是經過一步步累積和努力才能得到，只要兩個人有一個人願意退讓、扮演包容者的角色，夫妻感情自然會好。

不要以為你的退讓就得不到回報，錯了！當你改善態度之後，久了另一半也會發現的，要明白一個巴掌拍不響，對方的態度不好有時候可能是因為你的態度也沒多好。

你想想，一個溫柔的老婆，老公會很嚴厲的對待她嗎？（除了不正常的人）當老公態度不好時，我們就稍微修正一點，或是不要跟他正面衝突，當個優雅快樂的老婆，會比每天抱怨憤怒的老婆來的幸福，何樂而不為？

issue 44

失去部分的自己是為了圓滿

面對愛情，我們有很多美好的想像和畫面，然而一旦走入婚姻，你們會失去部分自由，也有些限制，要懂得找出讓彼此都舒服的方式。像我和奶爸，一靜一動，他天生愛熱鬧，我喜歡宅在家；然而他出外習慣少話，我習慣講話，我的愛說話可以彌補他的不足，他曾說過最喜歡我愛聊天的個性。

但是他脾氣不好，容易發脾氣，這時我就會發揮我的耐性跟他耗，當然我曾經也羨慕過別人有脾氣很好的先生，但奶爸有他自己的優點，譬如愛做家事和非常細心，這二樣就打敗很多男人了！甚至每次外出、遠行，都是他幫我和全家收拾行李的。

結婚這幾年，我們一同成長，也經歷過爭吵和磨合，沒有一對夫妻不吵架的，重點是要釐清吵架的癥結點，不能擺爛不解決，也不能亂吵一通、越吵越失焦，連八百年前的事

情都拿來吵，這樣不離婚才怪。

到後來我們已經很少爭吵了，有事情和問題都會好好溝通，因為小小孩會出來說：「爸爸你不要生氣，你生氣，媽媽會很難過，我和弟弟也會難過。」小小孩的一言一語都讓大人們感覺窩心，瞬間覺得有什麼好吵的呢？孩子的感受比吵架更重要。

結婚後，我們倆人都努力為了家庭，**失去了部分的自己**，像奶爸以前很愛和朋友聚會、小酌兩杯，但是現在的他為了孩子，一定會準時回家，陪伴孩子、陪伴我，工作再忙，也盡量當個回家吃晚飯的爸爸。

談戀愛和婚姻的不同在於，兩人牽扯到的不僅僅是單純的你愛我、我愛你，婚後如果打算有孩子，勢必一人得犧牲，然而犧牲的往往是媽媽。很多朋友為了孩子選擇辭掉工作在家顧小孩，但真實情況不如偶像劇，失去工作和社交圈以後，每天的生活就是面對孩子，導致心情更鬱悶。

男人工作一整天回家，覺得很疲憊，只想要沉默玩手機或是發呆看電視、不想講話聊天，因為他從來沒想過待在家裡顧了一整天小孩的老婆，好不容易等到老公回來，想要說說話訴訴苦，或是想要換人照顧一下，卻引來老公的冷淡反應。

老婆受到這樣的冷落後，內心逐漸出現不滿，態度也變得不好，兩人開始為了一些芝麻小事爭吵，像是為何衣服亂丟、臭襪子為何扔床上？就不會幫忙端個碗盤嗎？只會等著吃！整天看電視，命真好！沒看到別人快忙死了嗎？……之類的酸言酸語都出來了，結果老公丟出幾句：

「我想休息一下不行嗎？」

「我工作一整天了耶～」

「隨便妳！」

「整天唸，煩死了！」

夫妻的感情就是從這時候開始疏離的，男人想不透，以前那個善解人意的妻子為何改變這麼大？女人也想不透，當初戀愛時那個呵護自己的男人哪去了？

最簡單的事情，其實最容易被大家忽略，出現這些不滿和情緒，代表你們忽略了身邊另一半的感受。每個人工作回家一定很疲累，然而，別忘了老婆是為了家庭才犧牲自己的工作，**在家也等於工作一整天了。**

我曾經建議某個幾乎要離婚的男性朋友，跟他說：「你要改變做法，想想以前戀愛時的熱情，即使工作再累也會想陪對方聊天，現在是夫妻了，更不該忽略，不如回到家先聊幾分鐘，慢慢就會發現老婆也跟著改變了！」

於是，朋友回到家第一件事，就是對老婆說話，聊完天後才去做自己的事，偶爾也把自己遇到的事情分享給老婆聽，或是分擔家務事。沒多久男人發現老婆改變了，以前那個大呼小叫總是看他不順眼的女人，開始會和他有說有笑，也對他溫柔許多。

當彼此開始懂得體貼，相處的氣氛自然會融洽。感情失敗沒有其他原因，往往是因為對經營關係懶惰和不體貼。當老婆總是和你抱怨別一直玩手機時，表示她需要幫忙和關心；當老婆總是和你計較看電視的時間多過陪伴孩子時，表示需要你的體貼。

每個老婆都希望心愛的另一半給自己多一點溫暖和關心，即使只是三言兩語，也能夠讓女人感受到你的心裡有她。敷衍和隨便的態度只會消磨感情，經營婚姻是要讓對方時常想起你的好，而不是時時記得你的壞。

有個朋友的婚姻很幸福，她說這一切都是磨合來的。一開始和先生在一起，先生是個主觀意識很重的人，常常遇到事情自己先處理了，聽不進旁人的話。

她也了解先生的個性，因此每次遇到事情，不會先反對，會說其實這樣處理很好，但有另外一個方法可能也不錯，慢慢用這樣的方式和先生相處，幾年之後，先生遇到事情會開始詢問她意見，彼此討論。

夫妻在一起不需要較勁，彼此都是最親密的另一半，不要用自己的模式去要求對方，更不要在對方發生事情後，因為沒有聽你的忠告而落井下石：「就和你說了吧，就是不聽我的！」那只會讓相處更惡劣，畢竟本來是好意，但以不同的口氣說出，感覺就會差很多。如果每次和另一半講話的語氣都不是很好，久了對方自然不想繼續溝通和對話，夫妻在一起偶爾要聊聊內心話，不要讓對方覺得每次的對話就是指責和攻擊。

此外，盡量避免在同一件事情上憋扭、執著太久，為了小事耗時傷神，糾纏久了，最後會發現，**你折磨的不是另一半，而是自己和婚姻！**無論這件事多討厭、多讓人想不開，你都要學會釋懷。

我們在每個階段都有不同的角色，戀愛時是情人，進入婚姻後，從情人變成家人，孩子出生後，我們變成照顧者的身分，當孩子長大後，我們又成為老伴，彼此照顧、互相扶持。當年老的那一刻來臨時，什麼爭吵都不重要了，互相牽著手回首過往，才是老夫老妻的日常幸福。

issue 45

千萬不能嫁，「負分男人」只會拖累妳

愛情對方雙方應該都是加分的，兩個人在一起比一個人更能有相乘效果、相互激勵，一起成長、一起存錢，提升生活品質等等，這是正常健康兩性關係該有的好處。

但是有一種男人，對女人來說是負數、是扣分，他們只會拖累妳，對妳沒有任何幫助，雖說愛情不是買賣交易，但是遇到「負分男人」，多半只會帶給妳悲慘的生活和婚姻，最好還是離遠一點。

他們有一種很奇怪的特質，不但很會搞砸自己的人生和工作，更會把妳也拖下水！遇見他們之前，妳可能還算平順安穩，一個人生活也很好，**但是他們一出現，就會帶來一連串壞事和不順利**，妳可能發覺生活怎麼越過越苦？總是有一堆鳥事接連出現，因為他們就是有辦法搞砸一切。妳一定要睜大眼睛，沒伴總比選錯伴好，寧願沒男人也不要選到這種男人。

一、有負債又不懂得節制。

即使妳可以吃苦，也要看看男人值不值得！

如果負債是為了未來做打算，例如買房，或是家世清寒、幫家人還債，那麼就要懂得為生活打算，不能奢侈、不能過一天算一天。最怕那種莫名奇妙搞到負債的，賺的錢不夠支撐他的慾望。

或是工作不穩，老是在換工作，存不到什麼錢，卻還要吃好用好、愛充面子，請朋友客不手軟、愛四處遊山玩水，對未來沒有責任感，**連養活自己都難，卻還有一堆花錢的嗜好！**然後用信用卡消費、借錢，無限循環，這種男人千萬不能交、不能嫁，將來注定過著貧賤夫妻的生活。

二、沒口德、愛批評他人。

碎嘴的男人最可怕，他們什麼都不滿意，走個路跟人碰撞都會當街對罵、看見專櫃小姐不夠美，就批評：「這麼粗的蘿蔔腿也敢出來見人？這家公司是快倒了嗎？」

他尖酸刻薄、口中無德，人品一定有瑕疵，不但自己運勢會不好，可能也會影響你們日常生活的情緒和氣場，要知道，快樂的兩個人多半事情都很圓滿，而愛碎念和不滿的人，會把另一半情緒也拖下水，情緒一不好，連帶事情也不會順！甚至將來和妳娘家的相處也會出問題，他恐怕會不斷挑剔和抱怨，造成妳跟家人失和。

這種男人要多觀察，有時候剛交往時他很會隱藏，婚後熱度消退，對妳開始顯露挑三揀四、酸言酸語和嫌棄的嘴臉。這種男人，**通常從沒好事降臨到他們身上過，所以憤世嫉俗已經深入他骨髓**，凡事都往壞處想，看他活著真累。

三 情緒管理不佳、EQ有問題。

男人情緒不穩，幾次吵架甚至有動手傾向，妳就要趕緊放棄了！

遇到不好的男人，千萬不要說服自己，覺得能改變對方，或是等對方步入家庭就會成長，人的個性最難改變！而情緒不穩、EQ不高的男人，在職場上也多半是個失敗者，跟他在一起沒有享福的份，只有無盡的辛苦和委屈，搞不好還要幫他擦屁股。

四、愛計較、器量小。

有數字觀念的男人還不錯，但太過計較的男人就叫小氣了。小氣省錢不一定不好，但如果對家人小氣，這樣的男人真的很難嫁，因為婚後的所有花費都會被一一計較，**妳用他一分錢，他都記妳一輩子。**

這樣的男人如果有錢也就算了，有錢也不願跟妳分享，用他的錢就是佔他便宜，不如不要！何況多半這種男人都非常窮酸，**因為錢太少，所以看得比天還大**，跟他在一起不會富有，只會學到窮酸個性。

五、讓你摸不著頭緒、說的比做的多。

一下這樣一下那樣，總是在改變心意、做事總是搖擺不定，搞得在一起很久，妳還是不太了解這男人到底在想什麼？也看不出他的作為。

他會和妳說好聽的話、規劃看似美好的未來，但是沒半個付諸行動，也一再食言，答應的事通通做不到！藉口一堆、理由一堆，到後來甚至連藉口都懶得編了，直接呈現無賴狀態給妳看。

這樣的態度如果帶入婚姻中，只有無盡的問題和悲慘，他是個不實在的男人，也許眼高手低、自命不凡、好高騖遠，從來都看不清自己的斤兩，淪為只會說、不會做，有問題就逃避，連帶憤世嫉俗的個性，跟他在一起包準都在幫他還卡債、收拾善後！

女人最怕遇到這五種男人，不能共同成長就算了，還會丟一堆爛攤子給妳，另外有賭博、吸毒和嫖妓前科的人，就算再迷人、再愛妳，都不能交往，因為這些惡習不會斷根的！

關係壞了
是要修補而不是丟棄。

issue 46

得不到的，沒有比較好！

很多人都說錯過的愛情最美，記憶總是停留在美好的那一刻，常讓人在孤單寂寞失意時想起，你以為時間能治癒一切，沒想到時間只會讓你更想念那個曾經。

有個朋友和我聊心事時一直提到某任前男友，這個男人總是讓她念念不忘，她說自己說不上來為什麼最愛他？只是會一直想起曾經的美好回憶，讓她很後悔當初主動提分手。

我說：「妳和前男友應該交往很短吧？」
她說：「對耶，妳怎麼知道？只交往半年而已。」
我說：「因為只有太短暫還沒經歷爭吵和磨合的愛情，才會那麼令人難忘。」
她說：「到現在男生還是會偶爾找我，讓我更放不下。」

他們當初因為一些小事情爭執，女生覺得無法接受就提了分手，事後男生挽回了幾次，正當女生氣消後，男生卻覺得太累不想復合了。

本來故事應該到這裡結束，但男生總是三不五時出現邀約吃飯，兩人久久會出去一次，男生會故意說些要繼續交往的話來試探她，但女生擔心對方只是玩笑話，總是含糊帶過。

愛情美就美在還沒有看到現實醜陋面，有一句話是：**「通常最愛的人，都不是最後在一起的人。」**因為沒有得到，就覺得最美，其實可能只是太過短暫了，而讓我們把這段感情美化。

妳以為這個男人深愛妳，其實是因為還沒看到妳的素顏和亂髮；妳覺得他很完美，是因為還沒走到他公然放臭屁，吃飯摳臭腳的階段；等妳看到他穿著邋塌癱在沙發上看電視的樣子、聽到晚上的如雷鼾聲，到時候就會憤怒的想著：「我怎麼會選擇他阿？」

會分手一定是有不適合的地方，沒辦法繼續也可能是緣分不夠，愛情是無法強求的，得不到的其實沒有比較好，因為人心永遠是不滿足的。

有個朋友以為初戀男友就是她此生的最愛，於是她經歷了幾段戀情後，還是回到初戀男友身邊，認為就此得到幸福、攜手永遠。

然而二次復合的狀況更慘烈，兩人本來個性就不適合，當初分手的原因也是如此，經歷了幾年，時間仍舊沒有磨去彼此的個性，**仍舊愛得轟烈、磨合得慘烈！**她終於領悟了，原來得不到的，並沒有多美好，一切只是想像，彼此錯過了，才是最好的安排。

生活不是偶像劇，終究會夢醒，有時候執著是一種盲目，你以為你得不到，但其實你現在生活中遇到的比得不到的更好！我們應該要學會什麼是珍惜，好好的去愛你眼前的人事物，不要去奢望你所不曾擁有過的，如果你還是無法忘記得不到的人，那就找些事情充實自己、忘記曾經吧。別再為了得不到的人，束縛自己，繼續下去，你會失去更多美好的人事物的。

issue 47

夫妻相處的「軟哲學」

夫妻吵架並不可怕，最可怕的是一直爭吵同樣的點，但每次吵都沒結論，像個無限迴圈，讓你們心裡始終不舒坦、每天都記上一筆，日積月累傷害了夫妻感情。

兩個人生長在不同家庭，生活習慣自然不同，從早上起床開始就有話題可以吵，老婆愛碎念老公刷完牙也不把洗手台沖乾淨，上面還有吐出來的泡沫，多噁心！上完廁所也是，不但忘了沖水，馬桶蓋上面還有尿滴……妳覺得樣樣都不順眼，這個人生活習慣怎麼這麼差？東西用完都不會收好、隨手亂扔，以為我是你的老媽子嗎？

於是一股怒氣始終梗在喉頭，直到老公下班回家又做了什麼惹妳不開心的事，所有新仇舊恨一起湧上來，於是再也按耐不住，火力十足的開砲了！

這是身邊很多女性朋友婚後生活的寫照，她們最常抱怨自己老公的生活習慣太差，尤其當老公的常常覺得小孩子都不關他的事，有問題就只會老婆老婆的叫，讓她們非常火大，不知道要這個老公幹嘛？

其實天底下根本不會有兩個一模一樣、完美契合的人，每個人個性和習慣本來就不同，相處久了自然會有很多摩擦，但這些差異本來就是可以磨合的，就算真的有跟妳十分相像的人，可能換成對方對妳不滿意、諸多挑剔。

簡單來說，**人或多或少都有「愛挑剔」的毛病**，只是程度輕重而已。會開始挑剔對方，表示妳的包容度降低了，開始無法忍受對方不如妳意的地方、覺得對方很糟糕，但是同樣問題在熱戀期或新婚時，可能根本就不是問題。

我也曾經有過這樣的問題，當老公有一件事情讓我看不順眼時，我忍住沒說，日子久了開始覺得樣樣看不順眼，而累積的負面情緒一多，就開始嫌東嫌西，怎樣都無法忍受，頓時覺得很討厭眼前這個人。

而一旦開始這樣想時，我發覺和老公的口角變多了、相處變緊張了。因為無法包容就會想要挑剔對方的毛病，天天吵架、口氣惡劣，什麼事情都能拿來吵，直到有一天我冷靜下來，覺得這樣下去只會吵到家庭破裂、小孩受罪，那不是我要的。

我告訴自己換個角度思考，試著把自己當成老公，想像他為什麼會這樣、那樣？他到底在想什麼？**當自己換位思考時才發現，原來老公一直都很包容我！**從小事情到家務事、教育小孩，他從不干涉我、總是很尊重我，而我一堆缺點他也照單全收，對我只有接納和容忍，對外他更是一個厚道的人，從來不會和朋友抱怨我的不是。

轉念以後，我覺得自己實在很幸運，有一個這麼疼我的老公！再怎麼累他還是會做家事，也不會要求我一起分擔他的辛苦，那他的小缺點我為什麼要計較呢？我也應該要包容才對啊。

夫妻之間是互相的，妳看他不滿，他可能也忍妳很久了。但吵來吵去差不多都是芝麻綠豆的小事，臭襪子亂丟、碗沒洗、忘記倒垃圾等等，如果習慣讓這些小事過不去，再來可能會為了誰有經濟主控權、誰的教育方式是對的而吵，沒完沒了。

要知道，跟金錢和生活瑣事相較，夫妻感情更重要！你們可以去問問那些有錢人，當他們非常有錢之後，才發現最渴望的反而是真愛、有一個可以攜手到未來的老伴。

國外有個網站為了做實驗，出了一道題目：臨終前你最後悔的事。很多人都回覆：「希望當初能有勇氣表達我的感受，而不是長期壓抑憤怒和消極面對。」壓抑和消極都無助於你的婚姻，我們卻長期被這樣的情緒所累而不自覺。

這個實驗我自己真的有做過，當我一直負面思考另一半時，我發現他就是個可憎之人！當我樂觀包容去看待另一半時，他就是個完美的伴侶。當我選擇用包容去對待我的婚姻時，我發現我的孩子都很開心，他們三不五時還會開玩笑說爸爸媽媽在談戀愛，奶爸則會變得更體貼，常常會跟我說說笑笑。

沒想到這麼簡單的轉念就能讓事情完全改觀，**天堂和地獄真的只在一念之間！**

夫妻爭吵，總是需要有人先讓步，如果兩個人都堅持自己沒錯，那婚姻也不用繼續下去了。多讓步、多包容，也不會有什麼損失，要計較也不該跟最親密的家人計較。

所以夫妻相處真的需要「軟哲學」，它有三種軟：**「心軟、姿態軟、嘴軟。」**畢竟夫妻之間應該是講情的，而不是爭鋒相對，誰贏誰輸又如何呢？能夠學會讓步（心軟）、能夠放下身段（姿態軟），能夠主動求和（嘴軟），才能讓婚姻更美好啊。

issue 48

不要變成男人的附屬品

之前曾經看過一篇新聞，當年的辣妹合唱團員維多利亞才四十歲，不但嫁給全球最帥之一的男人當老婆，還擁有三男一女以及令人羨慕的事業，如果只看光鮮亮麗的表面，你會以為公主和王子從此過著幸福快樂的日子，然而現實怎麼可能如此平順完美？

她和貝克漢十六年的婚姻也遭遇過很多問題，甚至差點離婚，然而真正有智慧的女人會將危機化為轉機，最終老公回到她身邊，兩人共同度過那些打擊和困難，更珍惜彼此在一起的機會。

在這些過程中，維多莉亞甚至花時間創造了自己的事業，即使擁有令人稱羨的婚姻和孩子，仍舊沒有放棄一個女人該有的生活圈和目標！她能擁有這些美好的成就，靠的絕不是美貌和愛情，那些都不長久，也不足以保證什麼。

婚姻單靠愛情是不夠的，你們可能把婚姻想得簡單，以為只要有愛，其他都不重要！只有經歷過風雨，才明白維繫婚姻需要兩個人一起用心和包容、付出與調整，才能走一輩子。

維多利亞在某次的訪談中說，她認為在美國男女平等每個人都能好好發揮自己的才能，所以只有女人才是自己事業的阻礙，所以她努力開創時尚品牌，讓自己的事業也達到巔峰，擁有讓男人重新愛上自己的魅力和能力，即使遭遇老公外遇，仍舊運用智慧讓男人回心轉意，明白一個幸福的家才是最終的避風港。

如果當初她沒有冷靜運用智慧，增加自己的價值，反而選擇大吵大鬧甚至整日以淚洗面，或許今日的幸福就不會輪到她了！權衡取捨後，她選擇原諒貝克漢，並且為他生下第三個孩子，給自己和老公一個全新的機會。

或許婚姻中，沒有完美的選擇，有人選擇原諒、有人選擇放棄，我覺得女人只要覺得自己過得好，就是一個最好的選擇。

我有個朋友，很早婚，二十三歲就結婚，老公因為工作的關係常常應酬，結婚大概三年後老公就外遇了。那時候的她面臨兩個難題，一個是，她是家庭主婦，沒有獨立的經濟能力；另一個是，孩子才一歲而已，她沒辦法丟下孩子不管、直接離婚，於是她繼續過生活、顧好家裡。

她選擇不吵不鬧，把孩子養育長大，多年後，老公和小三分手了，回來家裡一起住，前幾年老公生一場大病，她也不離不棄，老公對她說：「謝謝妳，還好有妳！」在生命危險關頭，你才會知道誰是對你最好的人。

這個朋友現在的生活比起早期好很多，她說無論是心境上或是感情上都是，現在的她三不五時會和老公出國遊玩，男人玩過以後才會發現野花沒有家花香，雖然當年她也想過要放棄，但為了給孩子一個完整的家，她百般忍耐、努力過好自己的生活，讓孩子覺得幸福就好了，不需要想這麼多，也不需要去抱怨。

女人在遇到任何困難的時刻，都別放棄自己！要懂得堅強、懂得冷靜、懂得將自己的優勢展現出來、懂得在婚後將鋒芒讓給丈夫，但別忘了擁有自己的事業或興趣。

懂得不論多累多寂寞，還是要好好愛自己！即使歲月增長，仍舊要保養自己，不讓自己失去女人味，就算在婚姻中很平順安逸，仍舊要為了自己而努力，**因為讓自己發光和得到男人的寵愛是成正比的**，千萬別進入家庭就變成男人的附屬品。

要知道婚姻中女人的價值不單單只是生兒育女，女人對家庭和小孩的責任感大過男人，然而這不代表女人就只剩下這些功能。

無論是經濟獨立或是生活獨立，在婚姻中都很重要！如果不夠獨立就容易胡思亂想、胡亂猜測，將自己的生活重心交付給對方，一旦失去對方的愛，就像是世界末日一樣，走入絕境，因為妳把自己過得像是對方的附屬品。

只有獨立，妳才不會因為一次失敗就倒地不起；只有獨立，妳才不會為了男人魂不守舍、戰戰兢兢；也只有獨立，才不會讓妳做每件事情都要看人臉色。

好隊友 V.S. 豬隊友

常跟許多已婚朋友聊天，大家都很愛感嘆：「好老公難遇，結婚前的好都不算好，婚後能夠持續好，才是真的好！」

在場還未婚的女生都很難理解，不相信男人婚前婚後會變得這麼快？要曉得，長得帥、有錢的男人，在婚姻中其實不重要，真正重要的是能夠一直對妳好、懂得妳的心，難怪這麼多人都會說，挑選談戀愛和結婚的對象是不同的。

尤其婚後，從兩人世界進階到三人、四人世界時，**大多數老公都會變成「豬隊友」**！不幫忙家務、不分擔照顧孩子的責任、只會丟下老婆和孩子，自己跑去和朋友聚會等，但是婚都結了、孩子也生了，到底要如何調教出**「好隊友」**？以下幾點和大家分享。

一、妳的行為決定了他是好隊友還是豬隊友。

這邊真的要分享這個觀念，**記得千萬別把老公當成老公，要把老公當成是大兒子！**

妳想想，如果妳事事都幫兒子做到好，然後某天妳很火，覺得兒子很不上道，都幾歲了還不會幫忙做家事，這時候到底該怪妳還是怪兒子？我們都知道不能寵溺小孩，不然他長大了沒有獨立的能力和競爭力，那妳為什麼會寵溺老公呢？

我有個女生友人個性很獨立，談了幾段戀愛都無疾而終，每段戀愛她都很獨立、不想麻煩男友、自己把一切事情搞定，而且天生巨蟹座的她非常疼愛男友，處處為他著想，對方還沒開口，就幫他打點好一切，沒想到疼愛的結果就是她總是換來不體貼的男友，最後不是吵到分手，就是她覺得太累了，不想繼續。

我和她聊過以後，她總算是覺悟了，徹底改變自己的方式，沒多久她結婚了，婚後樂當一個小女人，不再那麼強悍獨立，偶爾懂得示弱、撒嬌，讓另一半照顧她。

事事能幹不是不好，只是會讓男人無從照顧起，當妳真的需要照顧、或是需要有人幫忙的時候，反而沒有人會顧到妳，於是妳再來生氣這一點，妳覺得對方能理解嗎？根本沒有人能懂妳在氣什麼啊！

因此，不需要凡事做到累、做到煩，還無人心疼，偶爾要把事情留給「大兒子」來做阿~

二、多鼓勵、多讚美。

男人育兒和打理家務不是天生就會，我從小艾倫很小的時候就發現了，而為了讓老公可以和兒子和睦共處（老公一直很擔心會像和公公相處的情況一樣，因為不親密而父子常處於劍拔弩張的狀況），所以偶爾會把兒子丟給老公顧，自己出去透透氣。

即使一開始我回家常常發現兒子還沒有吃飯、澡也沒洗，但也沒有對老公生氣，畢竟一回生二回熟，幾次的鼓勵和讚美後換來老公對照顧兒子開始得心應手，甚至知道我要出門，他就會規劃好要帶兒子去哪玩，有好幾個行程，他會讓兒子有事情可以做，我回來的時候常常會發現兒子已經澡洗好、飯吃好，讓我很安心。

三、口氣很重要。

每個人都喜歡別人對他好口氣，將心比心，當妳對另一半口氣不好時，千萬別怪對方也對妳口氣不好，人都是這樣，妳怎麼對他，他就會怎麼對妳，**即使錯的多半是對方。**

與其用抱怨和不開心的方式去溝通，不如試著想想婚前的你們是怎麼相處的？我常會誇獎老公，那是因為我知道當你多去想對方的優點時，妳會覺得生活比較愉快。

人都會有情緒，有陣子我也是受不了，畢竟每次老公發脾氣我就會讓，先閉嘴讓他冷靜，但久了也是會讓人不愉快的，因為想發脾氣時卻要忍耐，可是我發現越是想著對方的不好，就越是生氣，兩個人一見面就吵架，這樣可憐的其實是小孩，當我轉念以後，發現原來一直專注在一個人的優點上，就會大大改善婚姻的品質！

四、吵得再兇都不要放到網路上公審。

我認為關起家門吵架是一回事，但如果妳放到網路上告訴大家妳老公有多差，妳的用意是什麼？是希望大家來評評理、幫妳出一口怨氣？還是希望老公有所覺醒？

其實妳只會自取其辱，因為老公是妳選的，人家說不是一家人、不進一家門，老公爛，代表妳也沒好到哪去，**其他人只會看笑話、給妳廉價的同情心而已！**

我常看很多朋友天天在臉書數落老公，先不管對錯，那種數落的嘴臉就毫無魅力了，男人都是要自尊的，當妳希望他變好，卻又在他一群朋友和網友面前說他不好，這不是非常矛盾的行為嗎？到後來妳會發現，妳越說，對方可能會越變本加厲！

畢竟男人要面子，最差的方式就是在公開場合斥責他的行為，當妳這樣做的同時還指望另一半會改善、甚至愛妳嗎？這是腦袋不清楚吧，久了彼此的感情只會更差而已。

五、有原則的相處。

我和奶爸在交往時，就已經和他談過我很懶得做家事這件事，而且是一再的談過，務必確保他真的明白，我直接和他說：「我真的不擅長這些，拜託不要逼我做家事！」

他點了點頭，沒說什麼，確實結婚這麼多年以來，他從沒有逼我做家事，但我在無形中被他影響，開始會物歸原處、慢慢也會收拾一點東西。

兩個人建構家庭，本來就是要分工，雖然家事老公做，但照顧小孩通常都是我，所以我們從來沒有為了家事或是照顧小孩的事情吵架，因為我在結婚前全部都有聊過以及溝通好，婚後自然就照彼此溝通的方向走，才不會總是為了瑣事而吵架。

六、適時放自己一天假。

最後一點最重要，那就是別把自己當成悲情角色，如果妳不開心，那就放下一切出去走走，像我有時候就是這樣，忍到一定程度，我就會放自己一天假，自己跑出去走走，把小孩丟給老公顧，通常回來以後，老公會變得更體貼，因為照顧小孩是很累人又很不自由的事情，帶過小孩後他就知道那種壓力有多大了。

有了小孩不代表女人就要放棄自我，過度的委屈和犧牲對家庭是種不健康的影響，孩子很聰明的，媽媽開不開心他都曉得，只有一個開心的媽媽才能養育出有自信的孩子！

看到這裡，很多老婆會說：「我說過了阿，但是老公根本不聽！」

那妳仔細想想，妳教導兒子時，第一次他聽了嗎？要知道老公是比兒子還難纏的生物，妳必須要有耐心，**像我為了老公的起床氣都可以磨了六年！**

我記得第一次見識到老公的起床氣，覺得非常驚訝而且生氣，因為叫他起床上班，他竟然瞪著我，**活像我是他的仇人一樣**。當下我覺得很莫名其妙就和他吵架，沒想到爭吵並不會改善，他仍舊每天都有起床氣，而且都要過了中午以後才會恢復。

後來我發現，如何叫他起床也是很重要的一件事，像我如果叫他全名，他的火就會很大，如果改成輕喊：「寶貝，起床了～」氣就會少一點。

兒子出生以後，我就會抱著兒子去叫他，把兒子輕放在他旁邊，嬰兒的手會揮來揮去，老公看到了就會把兒子放好，趕緊起床，因為怕傷到兒子，竟然忘了發脾氣。

再來，我開始調整他的作息，因為他以前總是凌晨四、五點才睡，這樣九點起床當然會有起床氣，所以晚上我都會叫他早一點睡，現在他有提早到凌晨二點睡，有時候和兒子一起睡著（晚上十點），隔天還會心情很好的跟我們道早安，連兒子也會嚇到，兒子會和我說：「媽媽，爸爸沒有生氣了耶～」

到現在他起床完全不會發脾氣，而耐心就是關鍵點！不要覺得說一次對方就必須聽進去、聽懂，**就像老公叫妳不要一直唸他，但是他說一次妳就不唸了嗎？**

說到底，沒有天生適合彼此的對象，因為不會有第二個妳，所以也不用羨慕別人的老公，畢竟磨合這件事、這些過程，妳根本看不見，妳怎麼曉得別人的好老公不是歷經多年的磨合和溝通出來的呢？

issue 50

分辨是不是「真王子」的五個指標

「熱戀時不管如何打扮，在他眼中都是美的；情淡時，即使妳畫了三小時的妝，在他眼中仍然俗不可耐。」愛不愛時的兩種樣貌，相信很多女人都遇過。

「嫁對老公等於擁有幸福人生。婚姻占了女人生命中的百分之五十，選對一個男人，就決定了女人一生的幸福。」很多選錯男人的讀者和我聊，發現她們選擇男人的共同點都是：有幽默感、很會哄人、體貼入微、外型還不錯。

這樣的男人相處起來確實很棒，然而如果沒有看清楚他的本質，有很大的機率會遇到風險，因為這樣的男人也習慣對別的女人如此！他喜歡展現自己的魅力，靠哄女人收服對方的心，那是他的本性，工作上也喜歡用這一招討好女上司，來得到他要的好處。

溫柔體貼沒有不好，但是有智慧的女人能分辨男人的行為是短暫的討好，還是真心呵護？很多女人抱怨，為何男人婚前婚後兩個樣？**因為婚前是裝的，婚後才是真本性。**

所以選擇男人千萬不能用聽的，要看他實際上是怎麼做，否則很容易嫁錯壞男人。女人都想當被呵護的公主，那就更要有分辨是不是真王子的眼光！

一、夠成熟。

男人的夠成熟、有責任感非常重要，除非妳天生想當一肩扛起家計的女人，或是獨自照料小孩也不抱怨的強悍主婦，否則如果選到不夠成熟的男人，婚後恐怕淪為無薪女傭、必須處處照料對方。

沒有責任感、喜歡呼朋引伴出門、不愛待在家、不顧家的男人很難讓女人擁有幸福，等於多了一個孩子要照顧，也容易讓女人變成**「類單親媽媽」**。

二、反省力。

如果婚前這個男人很愛嫌棄妳，可以料想得到婚後也不會多呵護妳。太過主觀而沒有反省能力的男人，很難溝通，這點從開始交往時，就必須了解清楚。

龜毛男人不是不好，但是必須先懂得要求自己、反省自己，千萬別選擇對自己要求很低，卻對妳嚴苛的男人！畢竟一直嫌棄妳、卻認為自己很棒的男人，相處久了會令人氣餒，尤其認為自己有權利對老婆呼來喝去的男人，最令人不齒。

三、上進心。

對一個家庭來說，男人的上進心非常重要，即使女人再會賺錢，也不該想著要靠女人來撐起家庭！

一個幸福的家庭需要兩個人共同努力和維持，賺錢這個問題，很容易成為婚姻中的爭執點，苦勸女人要睜大眼睛看清楚男人的上進心，現在窮沒關係，但至少工作態度要好、要努力上進，起碼願意打拼賺錢。

四、有擔當的男子氣概。

戀愛時，兩個人相愛就可以了，談到婚姻，就是兩個家庭的事，馬虎不得也急不得，如果和另一半交往到論及婚嫁，才發現對方家長不喜歡妳，怎麼辦？

有個朋友和男友交往五年，已經論及婚嫁，但戀愛過程中男友從來不敢帶朋友回去見家長。朋友一再堅持以不結婚就分手相逼，男友才下定決心帶她回家吃飯並討論婚事。沒想到，吃一次飯，就感受到對方爸媽不是很喜歡自己。

朋友很清楚自己的特點，她一直很有禮貌，深受周遭長輩的讚賞，然而她能力強，能言善道，這些優點在男友媽媽眼中似乎都是缺點！對方母親認為女人應該要閉嘴乖乖吃飯、順從男人，甚至直接說：「妳太強悍，我兒子會很辛苦。」讓吃飯的氣氛降到冰點。

事後，男友安撫朋友，這不是她的問題，而是他媽媽占有欲很強，每任女友都是這樣被嚇跑的，而交往中為了保護她，所以才不帶對她回家。

朋友深思熟慮後，選擇放棄這段感情。因為從這件事中很清楚看出男友非常沒有擔當，遇到問題只會當鴕鳥！面對這麼嚴重的問題，男友任由每任女友被嫌棄和羞辱，而從來沒有去溝通、沒有實際行動化解，問題怎麼可能會解決？難道一輩子都不回去就可以了嗎？

後來朋友瀟灑告別了五年的感情，她只淡淡說著：「寧願難過一、二年，也不要難過二、三十年！我不想嫁過去還要一直抱怨。」

她是聰明的女人，雖然耗了五年的時間才明白遇到一個沒擔當的男人，但是她很清楚，戀愛很簡單，婚姻卻是辛苦的！這是兩個家庭的結合，她不想一輩子活在別人的嘴裡和眼裡。

五、能夠愛妳的缺點。

婚姻需要包容和共識，很多人還沒達到共識就結婚，婚後磨合了老半天仍舊無法解決，最終只有離婚一途。

能夠維繫一輩子的共識很重要，小從日常習慣到生活觀念、金錢觀念，以及雙方的家庭觀。我們常以為，交往久了自然就能改變對方，總是滿心期望對方有所改變來配合自己，**但世界上最難改變的就是人的個性！**

兩個人生活相處一定有所不同，比如擠牙膏，我喜歡從中間擠，個性比較不注重細節、隨和隨興；反觀老公非常注重小細節、有潔癖，牙膏他喜歡從最後面擠，並且擠的方式是均勻有力道的，所以牙膏不會彎曲躺著，也不會到後面擠不出來。

而當龜毛潔癖的人遇上我這個粗枝大葉的女生，本來可能會天天吵架、感情不好，甚至離婚的，但老公從來沒有強迫我要改變，也沒有說過半句嫌棄我的話，他自己會多做善後工作，寧願勤勞一點，多一道步驟把牙膏弄好，也沒有對我兇過。

這就是願意包容對方、愛對方的缺點，才有磨合的可能。相處一定會有很多磨合，同心和共識才能走得長遠，而不是一直互相嫌棄，或是覺得自己很犧牲和委屈，久了，相處只會不開心，感情也無法繼續。

妳可以仔細觀察，如果對方很愛抱怨妳的缺點、不肯包容，那應該盡早離開，不要虛耗，**沒有所謂對的人或是錯的人，只有願意磨合和不願意的人**，跟不想磨合的人相愛，只是浪費精神，好好選對妳的王子吧。

issue 51

一屋兩人 三餐四季

前陣子看到一篇文章，裡面寫到現在離婚率很高，文章的重點是好的婚姻應當是「一屋兩人三餐四季」，桌上有熱騰騰的飯菜，夫妻兩個人一同煮飯，才能維繫婚姻。

當下我看了一些字句覺得很感動，開始勾勒起一起煮飯的畫面，於是馬上問奶爸：「你想要和我一起煮飯嗎？」

奶爸馬上皺眉，「不要吧！」

我家奶爸因為有嚴重潔癖而拒絕讓我煮飯，他寧願忙得半死煮給我們吃，也不願意我進廚房，所以別人家都是女人累個半死，煮飯給全家人吃，但是我家的場景常常是我坐在客廳看電視或打電腦，奶爸揮汗在廚房忙進忙出。

我不死心，繼續逗他：「可是這篇報導說，不一起煮飯沒辦法維持婚姻阿～」

奶爸瞪我一眼，斷然拒絕：「婚姻根本不需要這樣維持好嗎。」我當場大笑。

婚姻真的不需要參考韓劇，也不能用想像中的美好來維繫，說真的，平日各忙各的夫妻，怎麼有時間一起下廚？老公下班回家都七點了，煮完至少都八、九點，豈不是十一點才能吃完飯？還要照顧小孩、做家事，時間根本就不夠！

現實生活中，夫妻之間最常遇到的問題就是家事分工，這類問題也最容易成為雙方爭吵的導火線，如果都是老婆做家事，過度勞累和不滿，脾氣就會比較大，但又不知道如何溝通、如何讓老公幫忙做家事，老公回家常會不明就裡的被情緒掃到，覺得老婆怎麼越來越難相處，總是無緣無故發火？所以維繫婚姻一定要靠同心和分工。

結婚前，我就很有自知之明，不斷的灌輸奶爸我真的不會做家事的觀念。奇怪的是，他竟然沒有什麼特別反應，可能那時候還不知道我不愛做家事的程度有多嚴重吧？哈哈～

婚姻需要彼此的包容，**寧願先讓對方知道你的缺點，也不要從完美形象開始扣分**，婚後，奶爸也很自然的包辦起所有家事，因為他潔癖嚴重，我就算努力想要幫他，也常常被拒絕。（這點我倒是很識相的～）

所以，平常家裡家事他做，照顧小孩我就會多做，例如我餵奶五餐，奶爸只要一餐；我換尿布，他就洗奶瓶；他幫兒子洗澡，我就幫兒子穿衣服，如果奶爸出差，我就是全包。

但很棒的一點是，奶爸很體貼，他常常怕我太累，所以出差日子最多三天，有一次到四天，我整個人就快崩潰了，可想而知那些全年辛苦的媽媽們，如果沒有人可以幫忙分擔家事，脾氣爆發也是正常的。

如果沒有體貼的另一半願意分工，女人下班後除了家事以外還要照顧小孩，好不容易把事情做完，卻看到自己的老公從回家就閒閒的癱在沙發上，不是玩電動就是玩手機，要不就是看球賽或政論節目看到飽，換成是老公，心裡會平衡嗎？

曾經看過網路上有篇文章，是先生在老婆離開後寫的。文章中提到他老婆照顧孩子、整理家務十二年，但是先生在外工作總是覺得太累，回到家不懂多體貼老婆，直到老婆離開後，才發現原來小孩不會突然長大、家裡也不會自動變乾淨！他非常後悔以前沒有對老婆更體貼一點，在外工作辛苦，持家的人何嘗不辛苦？

我老爸也是這樣，直到退休後，他對我說：「對媽媽很歉疚，現在起要加倍補償她。」要懂得體貼和互相，永遠不嫌晚。

所以男人們，如果你真的很不會做家事，那麼請嘴甜一點，像我總是很識時務的在奶爸做家事太累時，立刻獻上撒嬌攻勢。有一次，奶爸從下班就開始收拾家裡，整理完已經二個小時過後了（可見有多亂、多恐怖），我一看他臉色不太對勁，立刻大喊：「兒子們，拍手！」

然後我們母子三人大喊：「爸爸，辛苦了！爸爸，我們愛你！」俗話說，伸手不打笑臉人，奶爸瞬間就沒氣了，也跟著笑開了。

婚姻相處，不能再像以前那種做到要死、怨到死、嫌到死了，我們要懂得放軟身段、適時的轉彎和溝通，一味用錯誤的方式去相處，自然會失敗，沒有人可以適用同一套方法，想要對方幫忙，記得不要用錯誤的態度責備或要求，你越是兇、越是生氣，越沒有人會理你。

常聽很多媽媽和我抱怨，自己的老公每天都很懶惰，每次看到他這樣子都讓人生氣，於是每天都氣不完，結果她痛苦、全家跟著痛苦，每天家裡氣氛都很差，孩子放學不太想回家，造成更多家庭問題。

不管是做家事還是工作，要做就甘願一點，帶著怨言做，會讓自己和別人都不開心，不如不做！這就像生活一樣，柔軟點、開心點過，就會事事順利，何樂不為？

issue 52

換你去老婆家住看看！

現在女性面對婚姻大事時，除了要擔心沒有遇到對的人，還要擔心沒有遇到對的家庭。

婚姻是兩個家庭的事，當妳選擇了結婚，同時也選擇了對方家庭，因此他們家人喜不喜歡妳也是個重點。這些經濟能力不錯、條件也好的女性朋友，她們想找體貼顧家的好男人以外，**最重要的是好相處的婆家。**

曾經有讀者問我，她男友對她非常體貼，兩個人也交往很久了，可是一直遭遇一個阻礙，就是男友的家庭非常傳統，很忌諱她的生肖，因此每次去男友家都沒有給她好臉色。

我說，很多人都會遇到這類問題，但關鍵是男友的態度，如果男友能夠保護妳、不讓妳受委屈，才去考慮未來，如果不行，可能就要再評估一下。後來讀者和男友分手了，因

為男友總是要她忍耐，她覺得就算結婚也不會改善，所以忍痛放棄這段感情。

現代女性婚後很多都會選擇繼續上班打拼，因為育兒的費用實在很驚人，因此選擇結婚對象，她們開始思考的方向也有所不同，**找到一個能夠分擔育兒壓力的男人才是重點。**

很多女人婚後常會遇到婆媳問題，原因在於老公無法感受老婆的壓力，當婆媳有磨合時，老公總是希望老婆退讓，畢竟這是我媽媽，認為女人嫁進來就應該要把婆婆當成自己的媽媽來孝順、不該忤逆，即使婆婆有錯，媳婦也不該頂撞，但這是非常不合理的一種想法和期待。如果夫妻感情好也就罷了，女人通常會為了家庭忍讓，如果夫妻感情不好，那就糟了，會釀成口角，家庭失和。

我身邊有個男生朋友，一開始因為要存錢買房子，結婚後就先住在老婆家。而台灣是男性社會，他從小到大都無法體會寄人籬下的感覺，也從沒想過老婆嫁給他、住進他們家，不但要適應他的家庭和家人，還得小心看人臉色。

這個朋友剛好有機會住在老婆娘家半年，由於寄人籬下的關係，**他終於明白什麼是婆媳問題**、也終於明白當媳婦的辛苦！畢竟不是自己家，沒辦法累的時候就休息，偶爾偷懶就怕被娘家的人看到觀感不好，而且老婆家有限制他哪些地方不能去，他能夠活動的範圍就是老婆房間、浴室和客廳，雖然娘家並沒有真的哪裡委屈他，但還是處處都讓他覺得矮人一截，感覺很不好，朋友住進去的第一個月就想搬出來，但礙於錢還沒存夠，只好住滿半年。

住滿半年後，他跟我說，現在的他更懂得處理婆媳問題了！**關鍵點就是不能讓老婆覺得委屈**，所以老公一定要幫忙化解和協調。原來只有情況互換，才能明白老婆的委屈和壓力，也才能夠在遇到問題時，不會自以為是的一昧叫老婆忍讓。

「嫁」和「娶」是不同的，嫁是離開自己的爸媽，要寄人籬下、侍奉別人過日子，有些人可能還沒有和婆家相處的經驗，就面臨要住在一起磨合，嫁過去後的一舉一動都會被注意和放大，任何人都可能適應不良、緊繃不安；而男人一直都是住在自己家裡，本來就不需要磨合，相較之下誰更辛苦？

如果想要老公搬出去，他們當然不會願意！尤其是那種爸媽很寵愛的男人，事事都有人準備得好好的，在家可以當大爺、什麼問題都有家人撐腰，男人才不會想要花錢出去住，只有讓他們明白寄人籬下的感受，才會懂得體貼一些。

老公應該要當和事佬而非夾心餅乾，婆媳發生問題時，老公的任何行為都是關鍵，在婆婆面前，做老公的要多幫老婆說好話、懂得保護隻身嫁過來的老婆；在老婆面前，多聆聽、少抱怨、少責怪，讓老婆減輕壓力。

其實會產生婆媳問題的原因，多半是沒有安全感！婆婆和媳婦愛上的都是同一個男人，雙方都希望被在意、以自己為優先，如果沒有處理好，就很容易讓誤會和不滿一直累積，唯有居間的男人拿出魄力、不讓老婆覺得孤立無援，並且懂得用正確的態度來處理，才能化解一切。

那麼遇到婆婆不喜歡妳時，到底老公要怎麼幫妳，才能變成妳的「好隊友」呢？記得要請老公幫妳講一些話，但不是拼命誇獎妳，那恐怕會適得其反，而是有意無意把你們的相處情形讓婆婆知道，讓婆婆多了解妳、看見妳的本質是善良、單純、節儉、孝順之類的，才能夠改善不好的印象。

還有，老公千萬不要在婆婆面前淨講些你們吵架的事，要知道吵架應該是關起房門吵，在婆婆面前吵、或是跟婆婆訴苦昨晚你們又吵了什麼，只會讓婆婆認為媳婦在欺負兒子，會更討厭媳婦！

如果身為老公的你真心希望讓婆媳關係變好，那就是所有家務事都自己私下去解決，千萬不要鬧到第三人那裡，一旦鬧開了，就是明擺著要讓所有人都來參與和評斷是非，這絕對不是明智的行為，而且一旦婆婆開始參與，以後只會沒完沒了！

最後，**其實所有的婆媳問題都和妳選擇的男人有關**，如果他天生不是很貼心、懂得圓滑處理這些事情的人，那可能要發揮耐心好好和他溝通，只有你們倆同心協力，才能改善婆媳問題，並且不讓婆媳問題成為你們婚姻失敗的導火線。

issue 53

為什麼男人不想和妳溝通？

想擁有幸福的婚姻，有一個關鍵點，那就是良好的溝通！如果總是爭吵而不進行溝通，很容易變成各說各話、誤解彼此的想法，久了，再相愛的人也會因為爭吵而疏離。

每個女人都明白幸福的婚姻需要溝通，可是常常聽到妻子抱怨：「我也想要溝通啊！但我老公每次都不和我溝通，怎麼辦？」

「老公一回家就只會看電視或是滑手機，沉浸在自己的世界裡，每次要找他說話，他就逃避，讓我對這個婚姻很無力。」

「問他為何不溝通，他說和我溝通沒用，嫌我很盧又很煩。」

真的是男人都不喜歡溝通嗎？當老公持續不願意跟妳溝通時，妳可能要靜下心來想一下，到底問題是出在他身上，還是妳？會不會是妳的表達方式讓對方不喜歡，**溝通沒重點**

又常常帶著情緒？

很多家庭主婦容易犯一個錯，就是當妳在做家事、照顧孩子一整天之後，情緒需要一個出口，而那個出口往往是剛下班回家的老公，妳希望對方能理解妳的辛苦和委屈，但是對方或許上了一整天的班，不想面對任何壓力，當妳只顧傾洩情緒、需要紓壓時，卻忘了對方也是個有情緒的人，他在公司也承受了莫大的壓力。

這在溝通上來說是一個盲點，我們都想要一股腦兒說出自己的不滿，但是當對方也表達自己的不滿時，妳還能夠很有肚量的傾聽和諒解嗎？別忘了，良好的溝通需要**地點、時機和心情**這三個因素都齊備，才能成功。

試想一下，假如今天主管罵你一整天，下班回家後老婆找你講一堆繁瑣的問題，你會有心情溝通嗎？一定沒有！所以有時候男人不是不想溝通，而是他們當下根本沒心情。

當另一半不想和妳溝通、覺得妳很盧，代表妳可能是個想很多的人，容易有情緒起伏，總是被身邊的朋友說「想太多」，常因為一些小事鑽牛角尖、愛想東想西，擔心受怕。

也許妳也很不想這樣，**但就是很難去控制自己不往壞處想**，而且內心常常充滿不安全和不確定性，對人生、對未來、對婚姻、對家人，妳習慣以懷疑的眼光去看事情，久而久之變成一個比較神經質、總愛過度擔憂的人，明明事情就沒有想的這麼糟，但妳卻一直鑽牛角尖走不出來。

實際上，妳只是因為自己想太多，老是覺得自己委屈到了極點、大家都對妳不夠好，被這樣的念頭逼到快瘋了，當然也快把旁邊的人搞瘋了，就連身邊的朋友一開始還會聽妳抱怨，久了就開始敷衍你。

妳常常覺得自己在這段婚姻中感受不到愛和關心，於是更加想要抓著對方溝通清楚和問清楚！妳很討厭這樣的自己，但是卻無力改善。

要知道，經營婚姻是需要溝通沒有錯，但是如果妳沒有很重要的事情，只是想要讓對方知道妳的感覺、想要發洩情緒一下，那就絕對不是一個很好的溝通時機，妳只是把自己的不安強加在別人身上！

當另一半不和妳溝通時，妳該怎麼做？首先，改變妳以往的口氣和態度，別急著用溝通的名義要和對方說話，你們的話題有很多種，可以先找些輕鬆的話題當開頭。

再來，別在孩子面前進行溝通。妳有沒有發現？每次想要找另一半溝通時，如果剛好孩子在面前，老公都是不太願意搭理妳的。男人很要面子，他不希望妳在孩子面前破壞他的權威感，尤其如果妳的溝通內容有指責他的意味，那最好私底下進行溝通，畢竟是要說說兩個人的心裡話，選適當的地點進行溝通，才會有好效果。

最後，試著想想，妳到底想要溝通什麼？想要達到什麼目的？好好的問問自己，**再來決定溝通的方向和用字遣詞。**

有時候妳只是想要對方好好的和妳說話、哄哄妳、講些體貼妳的話，但是卻用帶著情緒的方式開場，效果絕對不好，所以先把情緒放下，要了解溝通這件事情，是要在心平氣和的時候進行的，找個時機好好的和對方聊聊，才能得到對方好的回應。

issue 54

「犧牲」哪一邊都後悔

很多女性從二十幾歲畢業後一路工作也有十幾年了，眼看著大她幾歲的前輩都晉升為高階主管，羨慕之餘發現自己轉眼已快過了適婚年齡。

在公司裡，妳可能已經算是小主管或資深幹部，計畫再繼續打拚個幾年，就能和前輩一樣被提拔為大主管，但是跟男友的交往似乎也應該要邁入下一個階段了。

妳看看左邊的空位，早幾年進公司的同事選擇了結婚，懷孕後就離職了，現在每次聚會都在抱怨自己的痛苦，說什麼早知道就繼續工作、不該進入家庭被當女傭，而且生活有夠苦悶的，除了做不完的家事，就是一個人空虛寂寞的看韓劇打發時間！

妳聽了暗自心驚，想起男友最近一直和妳討論婚事，如果當個家庭主婦真的這麼可怕，

那自己一定會悶壞了！妳能力不差，再打拼幾年一定會受到拔擢，收入也會大增，但是男方也催婚催得很急，婆家希望盡早抱孫子，到底該如何抉擇？

對大部分的女人來說，事業和婚姻就像一體兩面，是分割不得的，也很難抉擇。如果選擇事業，可能就會變成大齡剩女，等到老一點想結婚時，也沒有人能嫁了；選擇婚姻，又會不甘心自己打拼了這麼多年，眼看好不容易職場就要有些成就，卻因為年齡到了，似乎只能捨棄工作當個管家婆，怎麼辦？

單身的時候，我將重心放在工作上，那時候我不認為自己是敗犬或大齡剩女，女人擁有了自己的成就感，以自己所做的事情為榮，怎麼會是敗犬呢？真正的敗犬不在於沒有婚姻，而是找不到方向，覺得自己人生很挫敗。

當時的我雖然很拚，但是從來沒有覺得一定要單身或是一定要結婚，我覺得事業和婚姻都是緣分，遇到了，妳知道那是妳要的，就會好好把握！也幸好我沒有長輩催婚的壓力，更幸運的是後來遇到一位能夠包容我的人，我也深愛他，讓我不必面臨婚姻或工作二選一。

三十歲，確實是個打拼的年紀，可是妳要明白，**不管選哪個，都不該是「犧牲」**，這個念頭是非常不好的，無論犧牲的是婚姻還是工作，因為之後無論選擇哪一邊，妳都會後悔、痛苦和覺得不值得。

即使妳選擇工作，也有可能遇到挫折和轉換，並未如預期般升遷、男友又娶了別人，妳後悔極了！如果選擇婚姻，也許會和那個同事一樣，哭天喊地的抱怨當個不幸福的人妻。

很多抉擇往往只有女人會遇到，像是懷孕，婚姻和工作的抉擇。生產後要照顧小孩還是可以繼續工作？相信是很多夫妻間爭論的問題，陶晶瑩就是個很好的例子，她是個聰明有智慧的女人，同時她的事業運也很好，她選擇了婚姻，也不放棄事業，因為背後有個男人願意為她打理家庭。

如果今天妳的能力很強，那麼只要嫁對了男人，一切問題都會迎刃而解，很多女人是可以同時兼職家庭和工作的，只要分配得當，或是家中有長輩願意幫忙照顧。我身邊很多朋友，也同時兼顧家庭和工作，她們拒絕當個跟男人要生活費的女人，婚後繼續工作，維持女人的自信和經濟自主。

如果剛好家中沒有長輩可以幫忙照顧，也不用擔心，現在的年代和以往不同，有到府保母、有托嬰中心，一定有辦法可以讓妳兼顧家庭和工作，前提當然是薪水要夠支付這些昂貴的費用。

我不認為這樣的媽媽就是自私的，每個女人有自己的選擇權，不代表在家顧孩子就比較偉大、出外工作就是不盡責，我相信只要愛孩子，就是個好媽媽。

我認為無論妳選擇了哪一樣，如果是經過妳慎重考慮後決定的，那就是好的選擇，每一個抉擇都是自己選的，千萬不要後悔抱怨！會抱怨，就不要選擇，沒人拿槍逼妳不是嗎？

issue 55

這種老公的保鮮期還真短！

有人說愛情是有期限的，自然婚姻也有期限！相愛容易、相處難，否則身邊也不會有這麼多人離婚、外遇劈腿了，婚姻失敗的例子多到令人對愛情心寒。

最近，久未連絡的朋友突然打來告訴我，她要離婚了，最無辜的就是孩子，難為她這麼小就要面對爸媽分離的事實，這樣的消息令我覺得難過，婚姻與戀愛不同之處就是會牽扯更多人進來，尤其是無辜的孩子。

朋友好多年都沒和我聯絡，或許是因為當初我不太贊成她結婚，這男生很愛亂搞曖昧，我擔心朋友受傷，於是在大吵一架之後，我們自此都沒有再連絡，直到這次她終於明白了我當年的苦口婆心。

這個世界上有幾種男人，其中一種就是朋友的老公，非常會說話，但總是說的多做得少；外表不錯，體面而斯文有禮，令人毫無戒心，然而非常喜歡搞曖昧、習慣對異性放電，不管什麼場合，總是會對他鎖定的異性示好，主動幫忙、體貼異常。

這種老公，非常吃香，人緣通常不錯，尤其是女人緣，**但妳不能跟他吃醋或是要求他改進**，因為他覺得自己根本沒錯，有問題的是妳。

他跟另一種常被我們忽略的誠懇男，簡直是兩種極端類型，誠懇男通常不會說話、也不懂討好女人，因此容易惹怒女人，像根木頭似的，自然女人緣也弱。

我們常會愛上第一種男人，總是一再讓自己跌的傷痕累累。我們以為婚前溫柔、使盡渾身解數討妳歡心的男人，婚後也會一直把妳捧在手心上，**於是急著將整個人一股腦的全部付出，然而婚後沒多久對方就原形畢露了。**

他的花言巧語和體貼細膩不會只用在妳一個人身上，妳會不斷抓到他和其他女人曖昧的證據，他對老是愛管他、限制他的妳興趣漸失，開始懶於討好妳、對妳的呵護越來越敷衍和表面，他的保鮮期還真短。

但是即使有了他不安份的證據，對方還是有臉辯解這只是一種聊天互動的方式，沒有任何不軌，是妳愛起疑、沒安全感。

婚姻如果真的遇到這種男人、走到這一步，**自然已經沒有維繫的必要了。**

朋友難過的問我：「婚姻到底是怎麼回事？」她非常困惑，專一愛一個人、愛自己的家，有這麼難嗎？

每個人的婚姻都不相同，但有一點是千真萬確的，**那就是婚姻絕對和熱戀激情不同！**激情是一時新鮮，男人很精心呵護營造出來的，如果光憑這樣的熱度，一進入婚姻之後，熱度很快容易冷卻。

兩個人相處久了，常會發出一句感嘆：「愛情、婚姻不就是這麼回事？」其實這已經是最好的詮釋了，比起發現原來愛情、婚姻不是這麼回事來得要好！

能穩定交往和相處的感情更可貴，畢竟激情和熱戀是留給偶像劇的。

有個朋友和老公結婚十年，某天突然有感而發對我說：「我好像還很在乎對方，可是感覺缺少了什麼，對他已經沒有愛情的感覺了！」

這似乎是每對結婚很久的夫妻都會遇到的問題，逐漸從愛情昇華為親情，你想說出很愛對方，但又驚覺眼前的情況似乎已經不是愛情的感覺，這些微妙的轉變讓你感到不安。

我遇到一個案例是有對夫妻結婚很久，幾乎很少吵架。然而，**有時候很少吵架和經常吵架一樣有殺傷力！**當你選擇自己把衝突點消化完，不代表你對另一半的討厭就會消失，只是選擇視而不見或是沉默而已。

妻子跟我說：

「我覺得我們出現了問題，但是沒有人想討論。」

「他總是很不尊重我，凡事都不跟我商量。」

「我們已經沒話好說了，也很久沒有一起出門了。」

「我們對彼此越來越沒耐性。」

夫妻間如果不再和對方分享自己的心情，也不再多說什麼，甚至話題只在金錢和日常瑣事上打轉，其實是很危險的。當一段關係開始出現類似上面的危機，應該要盡快了解，到底是什麼改變了這段關係，從美好到令人失望？

婚姻久了，最怕一切都變成理所當然，不知感恩、不再珍惜，讓人失去了相對應的回饋，記得剛戀愛時，對方只要記得妳的一點點小需求，就會拚命感動和道謝，如今對方願意做十年、做十倍同樣的事，更值得珍惜和感動，卻反而毫無感覺？

曾經有一個朋友，她總是愛數落自己的老公，某天我回問一句：「他真的都沒有優點嗎？」朋友聽到這個問題，首先愣了一下，才慢慢回答：「有啦，他還是有好的地方，他會什麼什麼……」

是的，這就是婚姻中的盲點，總是看到對方的不好，計較對方付出太少，卻沒看到自己的缺點，**或許對方正在努力包容我們也說不定！**

很多人結婚後仍舊過著自私的生活，活在自己的世界中，像是朋友的老公，因為不願意顧小孩，總是故意混到三更半夜才回家，非常離譜！朋友一氣之下就離家出走，結果孩子成為可憐的犧牲品。

這對夫妻實在很幼稚，也沒資格結婚當父母，如果沒辦法建立家庭觀念，真的最好不要結婚生子，只會讓小孩變成假性孤兒，跟著不負責任的大人受苦。

要知道，結婚必須兩個人都有責任感、有決心、有一定的成熟度，才能攜手共度下半輩子，如果還沒有，我會奉勸先停看聽，畢竟一旦結婚就是五十年、不是五年，也無法說不要就不要！如果不是非常確信對方是個合格的老公和父親，就不要輕易許下承諾，以免害了孩子。

之前一位父親在婚禮上的話，非常有智慧又幽默，提醒了我們婚姻的真諦！他對女兒和女婿說：「婚姻不是1＋1＝2，而是0.5＋0.5＝1。結婚之後，你們兩人要各去掉一半的個性，才能組成美滿的家庭，婚姻不是占有，而是結合。」值得婚姻中的每個人省思。

issue 56

正宮霸氣逼退小三

在愛情的世界中是容不下一粒沙的，更何況是第三者的逼宮。

相信沒有任何一個女人會願意和對方分享自己的老公，通常第三者出現，就是想要得到一個證明，證明男人是愛她的、證明愛情世界裡沒有小三和正宮，只有愛或不愛。

當婚姻被小三介入時，到底正宮要如何處理？這會影響到離婚與否，要知道，這時候用對方法、讓自己不受委屈才是重點，下面有三個要訣，讓妳霸氣逼退小三：

一、切記不要一哭二鬧三上吊。

要曉得妳的身分是正宮，一哭二鬧那是小三使用的方法，因為當還有愛的時候，男人會害怕妳哭，沒有愛的時候，妳就算哭著要自殺，老公也不會鳥妳的。

這時候鎮定很重要，要先了解老公的意圖，一味的攻擊小三只會讓男人更心疼小三，要先了解自己老公是一時沖昏頭，還是決定和小三雙宿雙飛?妳越冷靜，小三就會越怕越慌，畢竟小三就是想要讓妳知難而退，因此面對小三的進逼，妳必須要以不動應萬變。

二、讓老公明白還是妳懂事。

有種小三，她其實是對感情充滿幻想，覺得愛就是不顧一切的付出，因此當她愛上了有婦之夫時，她覺得那是她的犧牲、她的愛，但其實這樣的小三掌控欲很重，所以妳要讓小三發覺有很多事情自己無法掌握，以這些事來占住老公時間，例如房貸和婆家的事、孩子學校的事等，都可以拿來和老公討論、要求他出席參與，要反過來讓小三因為無法參與而吃醋。

每個男人都覺得外面的野花比較香，那是錯的!當小三扶正回歸家庭後，都是一樣的，所以要盡量激怒小三，讓她忍不住和老公抱怨，讓老公提早看到小三將來扶正後一樣會煩他，這樣老公就會逐漸明白還是妳夠懂事、夠溫柔。

三、妳不是怨婦，不要表現出怨婦的悲慘。

當小三出現時，首先妳要明白，自己絕對不是怨婦!不需要表現出怨婦忌妒和悲慘的感覺，那副德性只會讓老公更倒胃口。

每個女人多少都能察覺自己的老公有沒有外遇，因此當小三出現時，妳心裡應該早就猜出個大概了，而婚姻會走到這裡，妳多少心裡有數，到底和老公發生了什麼問題，也只有妳自己明白，**既然出現小三之前妳沒有想辦法挽回**，所以這個時候妳也不需要像個被人拋棄的怨婦，一切都在於妳的態度，沒啥好怨的。

我要說的是，妳沒有錯，偷吃外遇的不是妳，所以不要哀怨或自責，當小三進逼時，妳可以採取冷靜的做法，妳表現得越落落大方，小三和外遇老公越難招架，這時候所有親朋好友都看的到，而男人是愛面子的生物，妳越是大哭大鬧、越是罵他兇他，越是容易引起反感，他更可以說妳太兇、家裡沒溫暖，所以才會外遇，妳的哭鬧只是給他更好的台階，根本於事無補。

妳可能心想沒搞錯吧？是妳被外遇劈腿、妳是受害者耶，為什麼反而要識大體、不吵鬧、還要為對方著想呢？沒錯！因為如果妳是希望挽回婚姻，就不要做出會加速把老公推向小三的事。

如果妳還想要他回歸家庭，就要讓他重享家庭的溫暖、重溫妳的美好，**因為大多數出軌的老公都不是想要走到妻離子散這一步**，所以通常老婆都還有機會挽回，妳只要調整好心態來面對老公的出軌，並且給自己一個停損點的時間，如果超出這段時間，老公還是不願意切斷小三、回歸家庭，那妳就放棄，好好過自己的生活比較重要。

有些女人婚後的重心都是孩子，在某些方面確實冷落了老公，夫妻倆逐漸沒有溝通，兩個人的感情漸行漸遠，造成無可挽回的地步。很多女人常常是個好媽媽，將心力奉獻給孩子，卻忘了真正能夠陪妳走一輩子的只有另一半。

妳並沒有不好，只是男人渴望另一個女人對他的關注，彌補妳所欠缺的，妳忘了男人和妳一樣，都需要情感關注，當妳把所有心力都給了小孩，卻忘了另外一個大孩子（老公）。

我身邊有個朋友，是標準的賢妻良母，每天煮飯給老公孩子吃，將家事打理得很好，每天晚上幫孩子複習課業，孩子睡著以後，她就準備隔天的便當，她給予先生的關心僅僅只是煮飯以及偶爾聊一下孩子的狀況，結婚五年後，老公就外遇了。她不明白，為什麼她幾乎是個無可挑剔的好老婆，卻還是換來外遇這樣的下場？

我跟她說，其實男人要的不是物質上的照顧，他需要情感的關懷、相愛的感覺，**他娶進門的是老婆而不是媽媽！**妳徹底忘了自己也是他的妻子，只顧著做牛做馬、打理家裡，把自己搞得毫不性感、毫無女人味，還不如外面小三的溫柔軟語、耳鬢廝磨。

如果真的想要挽回丈夫，就要讓他知道他沒有失去妻子，婚後生活本來就是比較枯燥無味的，重點是有心經營，妳想想以前交往時，你們三不五時就會約會出遊、看個電影，還有一整夜聊不完的話題，可是婚後，你們的話題寥寥可數，大多還是圍繞著孩子，這有多無趣？

聰明的女人應該要讓老公知道妳的好，不但是孩子的好媽媽、是家庭的重要支柱，更是他的好情人，這樣老公要劈腿也難！

issue 57

不要再叫另一半改變了

想要經營一段長久關係，並不需要愛的有多濃烈或是有多山盟海誓，而是懂得如何經營一加一等於二的世界，很多人交往很容易太過自我，而讓一加一還是等於一。

我認為能夠了解獨處的重要性的人，才能夠不給另一半壓力，不逼迫另一半去做他不想做的事，我們常常會因為想要為他好，或是為自己好，而希望另一半能有所改變，來符合自己的期望。

「為什麼你總是不照我的方式去做？早和你說過了！」

「為什麼你就不能像誰誰誰一樣？為什麼你總是這樣？」

「為什麼你的個性就不能樂觀一點、積極一點？」

你總是覺得另一半不夠好，希望能夠改變他，讓兩人之間相處更愉快？確實每個人都希望找到很理想的另一半，彼此有相似的價值觀、想法、每天相處都很愉快，最好跟你非常相似，就能夠不吵架了，而且他完全懂妳、願意為妳成為更好的人。

但哪有可能？愛情就是喜歡事與願違，不可能每個人都幸運的找到那麼契合的另一半，即使真的找到了，你們就能幸福嗎？其實不然，更多人說彼此太過相似，很容易流於平淡，而正因為不相似，才會有互補的吸引力。

很多人在愛情裡容易會犯一個錯，那就是想要改變對方，希望對方變成自己想要的模樣！但明明當初愛上的就是這樣的人，交往後卻又希望對方能事事都照自己想的，於是常常爭吵，彼此都覺得壓力很大。

在結婚前我曾經思考過我想要找怎樣的人結婚，究竟是和自己相似的，還是和自己互補的？如果價值觀落差很大，會不會落入想要改變對方來配合自己的盲點呢？

找結婚對象，愛不愛雖然是重要的，但更重要的是相處的感覺和默契，**我覺得讓彼此做自己是很重要的一件事！**

每個人都有缺點和優點，假如你把對方變成你想要的人、達到你控制對方的目的，這樣子交往就會開心了嗎？就算你開心，那對方呢？會想要改變對方的人，都有一點控制慾，只想要個理想對象，而不肯遷就，感情必然會失敗。

我有個朋友就是如此，總是希望另一半符合他的要求，交往後總是在意對方的缺點，希望對方改變，對方雖然努力為愛而改變，不過無法改變全部的個性來配合他，最終大家都痛苦，還是分手了。

說到底，就是缺少安全感以及要求太過完美，很多人把戀愛想的很完美，其實錯了！交往後才是看見對方真實面的開始，沒有人可以戴著面具過一輩子，要求對方非得滿足你對愛情的想像，是完全不合理的，畢竟你都有缺點了，何況別人？

彼此在愛情中成長和改變是必然的，但不是你一味的要求對方變的不像自己，重點是要學會溝通，透過溝通讓對方理解你的想法，有句話說得很有道理：「男人，當你要求一個女人像女人的時候，問問你自己有幾分像男人？」

沒錯，當你不斷要求對方改變時，問問自己有符合理想情人的標準嗎？想要對方改變，**最好的方法就是不要求對方**，我和老公從交往到結婚，我從來都沒有說過他不好、要他改變什麼，然而就是因為我不要求他，他反而默默的變得更好了。

讓對方自然而然的願意改變，才是最好的方式。有個朋友每次交往時，她總是希望男友照三餐問候、定時報備、睡前再一通電話，她覺得這樣的要求很正常，然而很多男人都做不到，最後都是吵架分手，後來她覺得累了，於是最新的交往對象，她不再要求對方這麼做，非常的放任，反而對方卻自動照著她以前的希望做了。

或許，想要改變一個人也沒有你想像中的這麼難，**前提是你必須先放棄改變對方的想法！**讓他快樂的做自己，這樣對方才會願意為你做得更好、更多。

issue 58

男人想要的幸福很簡單

記得在十年前我曾經寫過一篇**「男人也是需要被疼愛」**的文章，當時引起非常多男人的轉發。裡面描述，男人從小就因為性別而有所壓抑，像是男孩子不能隨便落淚；男生即使被女生打，也不能回手打女生；男生就是要勇敢，未來要保護女生等等。

坊間大部分兩性文章，都著重描述女人心態，很少在描述男人心態的，很多時候，男人做了很辛苦的事，我們卻認為這是正常的；男人的想法不像女人喜愛外顯、直接表達，我們常常會忽略男人是如何的壓抑自己！

這篇就是想要來聊聊男人想要的幸福是什麼？我覺得婚姻的基礎是建立在了解妳所愛的人的想法上，才能夠幸福，如果連妳都不了解另一半的想法，那麼即使做再多的事情，也不會使婚姻順利的。

男人其實很像小孩子，在某些時刻妳需要像媽媽一樣包容他們偶爾的鬧脾氣，**但是平常妳要表現得像是他的女兒**，讓他感受到當爸爸的權威感。

一、不要覺得任何事情都是理所當然。

像我們出去玩的時候，總是男人開車，一開就是好幾個小時，我總是會在老公感覺到疲累的時候，叫兒子和我一起喊謝謝爸爸！

男人想要的幸福，真的很簡單，他們都不希望他們做的事，讓另一半覺得理所當然，工作賺錢養家、偶爾幫忙照顧小孩、出外開車找路等等，生活中很多事情，不是他生為男人就得一肩扛起，那是因為他愛妳和孩子，我們可以時時表達感謝，讓男人覺得這樣的付出是值得的。

二、了解他們的原則。

男人其實不喜歡工作的時候被打擾，例如在外面談公事時，收到老婆奪命連環叩，讓他覺得疲於應付，他們喜歡的幸福是尊重和信任。他們希望能遇到一個相處起來安心又舒服的女人，讓他能安心在外好好工作、衝刺事業，不會隨時隨地打擾他、監視他。

他們著重原則，**覺得在原則之下妳要鬧脾氣怎樣都可以**，但是一旦越過界線，他們就無法接受了！尤其男人愛面子，他們不喜歡另一半在外面鬧脾氣讓朋友或同事知道，這樣很沒面子，讓他們無法接受。

真正穩定的愛情，就是女人讓他覺得放心，可以好好的去做所有事情，等到忙完了，兩個人在一起又能好好的約會，這是每個男人心裡最想要的穩定感情，畢竟男人或多或少都有事業心，如果妳常拿問題來煩他，讓他不放心、無法全力衝刺事業，在他心中可能會認定妳不適合一起走向未來。

當男人被信任的時候，他反而會覺得妳很不一樣、是特別的，反而會因為被信任而激發出更想要照顧妳的感覺。

三、不要一直要求對方。

男人最喜歡的幸福就是相處輕鬆，所以千萬不要堅持自己的想法去要求對方，也不要認為對方一定會知道妳心裡在想什麼，一旦男人沒有達到，就胡亂生氣和發脾氣，要知道連生妳的媽媽都不見得知道妳心裡想什麼了，何況是男人這種生物？

女人喜歡用聽覺，來聽進去自己想聽的事情，而男人則是習慣用重點式的說法來討論，不要用自己的模式要求對方，女人總是渴望另一半的傾聽，但往往會出現落差，那是因為男人以為傾聽就是給意見、分析道理，男人覺得這樣對女人才有幫助、才有意義！但是女人有時候只想訴苦、並不需要意見，她渴望的是一種關心的感覺。

這時候千萬別怪男人，因為男人從小就被要求必須要獨立，因此他們表達情感的方式不如女人細膩，如果妳想要男人這時候抱抱你，不妨就直說，否則妳暗示無數次或是做了很多事情，男人還是不明白妳是渴望擁抱，而非給一堆意見。

issue 59

婚後生活不如想像

結婚前妳可能會有個美好畫面，早起幫老公做早餐、送他出門上班，等到過幾年，兩個人孕育愛的結晶，從此一家三口和樂融融的過生活，無奈妳沒算到，婚後的瑣事以及柴米油鹽醬醋茶，任何一個因素都會打壞這如此美好的畫面。

有研究顯示，**婚後很多男性不會像婚前一樣遷就另一半**，畢竟對男人而言，婚都結了，已經是一家人了，生活成了理所當然以後，自然口氣不會太好，也不會太多花前月下的浪漫。

婚後如果只有老公出去上班，妳待在家，覺得寂寞無聊，開始會想要打電話給老公看看他在幹嘛？幾點回來？老公漸漸覺得煩，會找藉口想要多和朋友聚會，晚點回去。

我有個朋友就是這樣，婚後先生繼續工作，朋友待在家顧小孩，朋友離鄉背井的嫁到

台北，身邊沒有任何一個親友，加上待在家顧孩子，情緒不是很穩，多次看她的臉書動態都是在罵老公找藉口晚歸說要工作，其實是去朋友家喝酒之類的，後來老公到她的動態下留言說：**「我錯了，我只是想要喘口氣而已！」**

人常會因為一時的憤怒、情緒無法控制，說出一些話造成無可挽回的傷害，夫妻間最容易發生這樣的事，我們總是不小心傷害最親密的人而不自知，爭吵時故意講些話傷害對方、攻擊對方的弱點，造成感情出現裂痕。

其實，我是不贊成朋友這樣把家務事公開讓大家看，尤其從字句中可以發現，朋友並沒有想要離婚或是和老公交惡，純粹想要讓老公知道自己做錯了，但是如果妳想要跟對方和好，卻又讓大家一直罵他、責怪他，這不是很矛盾的行為嗎？

生氣時一時衝動，要控制脾氣很難，發脾氣卻很簡單，夫妻間的衝突永遠都是亂發脾氣造成的！卻很少人知道發脾氣造成的傷害是永久的。

有個發人省思的故事，有個男孩脾氣很壞，於是他父親就給了他一袋釘子，並且告訴他，每當他發過脾氣就釘一根釘子在後院的圍籬上。

第一天，這個男孩釘下了三十七根釘子，慢慢地每天釘下的數量減少了，因為釘下的動作耗費體力，他發現控制自己的脾氣要比釘下那些釘子來得容易些。

終於有一天這個男孩再也不會失去耐性亂發脾氣，他告訴父親這件事，父親告訴他，那現在開始每當他能控制自己脾氣的時候，就拔出一根釘子。一天天地過去了，最後男孩告訴他父親，他終於把所有釘子都拔出來了，但是花了一倍的時間！

父親牽著他的手來到後院：「你做得很好，但是你有發現拔釘子比釘釘子更累嗎？因為控制脾氣比發脾氣更難，再看看那些圍籬上的洞，這些圍籬將永遠不能回復成從前的樣子了！這就是發脾氣造成的傷害，將永遠存在，每次你生氣，就像這些釘子一樣對身邊的人留下了傷痕，不管你事後做多少彌補，都無法恢復本來的樣貌。」

所以千萬不要忽視言語傷害和衝動行為造成的後果，康德曾經說過：「生氣，就是拿別人的錯誤來懲罰自己。」要記得無論你怎樣憤怒，都不要做出無可挽回的事來。

如果你還是覺得每次生氣都無法控制、很難控制，那麼你可以這樣做，在悲傷時或是壓力大時，強忍情緒是不正確的，有時候的情緒失控就是因為一直壓抑，久了一次爆發，所以每次想要發脾氣時，記得先深呼吸、轉移自己的想法、讓自己停頓五秒，試過幾次後，你會發現一停頓和轉移注意力後，好像也沒那麼想發脾氣了。

或是想發脾氣時記得離開現在的環境，去別的地方，喝咖啡、逛街、看電影都可以，你會發現冷靜下來以後，**事情並沒有想像中的嚴重**。

像我和奶爸如果起爭執，我就會離開現場，拿本書去房間看，一來有助於冷靜，二來有助於消氣，當看完書一、二個小時後，**我根本忘了剛剛吵什麼**。

當雙方冷靜以後再進行溝通，這樣才能事半功倍，而且千萬不要有隔夜仇，我和奶爸都有約定，**當天吵完當天和好**，這個約定很有用，有時候即使還有氣，奶爸都會說：「我們不是有約定嗎？要趕快和好喔！」我聽了馬上就笑出來，整個氣氛變得很好。

發脾氣讓身邊的人受到影響，其實就是種不好的行為，別繼續傷害愛你的人，要知道發脾氣不能解決問題，解決問題需要冷靜的頭腦和善意的溝通。

issue 60

原來離婚也有好的

每個女人結婚前總是充滿期待和幻想，認為自己是不一樣的、很特別的女人，絕對可以好好跟另一半一起走完下半輩子，在婚禮的當下，都會有種彷彿從此就是王子與公主般恩愛的浪漫想像。

然而，婚後開始看清現實的殘酷，婚前體貼的老公，婚後慢慢變成了另外一個人，突然發現他怎麼這麼自私、懶散？以為每天都是親子和樂融融的畫面，沒想到卻是夫妻吵架、孩子哭泣的場面。

你們開始為了雙方的家人而吵、為了孩子教育而吵、為了老公幾點回家而吵、為了老婆總是管東管西而吵，幾年後，妳問自己，現在的生活和當初的想像怎麼落差這麼大？

慢慢地，妳發覺幾年的婚姻耗損下來，自己已經一無所有，因為婚後妳決定當個相夫教子的好老婆，所以捨棄事業、沒有經濟能力，生命中只剩下孩子、老公和婆家，自己已經漸漸消失了。

以前那個容光煥發、在職場上呼風喚雨的妳，到哪裡去了？經歷了婚姻低潮、夫妻關係緊繃、家庭失和之後，妳開始很茫然，**不知道自己除了忙著為別人的人生負責以外**，還剩下什麼？

前陣子看了一部《我的前半生》，裡面的女主角，本來是個以丈夫為天、認真做個好太太的女人，在遭遇老公外遇後，徹底失去了所有：丈夫、孩子和房子！她活了這麼久，決定從什麼都不會開始轉變，努力為自己的後半生活出一片天。

要知道，**最後能成為人生贏家的就是這樣暗自努力、夠堅強的女人。**

其實無論離婚或是失戀，只要是分手都會讓人痛徹心扉，而後經歷自我解放與重生，即使難過和痛苦也要一遍遍和自己說：「沒關係，我會站起來！我會走出來！」中年離婚意味著要離開本來的舒適圈，真的很困難，然而就是這樣的毅力才能讓失敗轉為成功。

婚姻不見得是愛情的墳墓，**真正讓婚姻變成墳墓的，是不願意努力經營的兩個人！**婚姻是需要耗費時間和精力經營的，而最大的重點在於不能讓生活變得無趣。

很多婚姻失敗的人往往是家庭主婦，為了家庭辭掉工作，本來想要認真經營家庭，卻開始和社會脫節、和另一半漸行漸遠，當日子一成不變時，兩個人的話題就會減少，如果本來就沒有共同興趣，感情自然開始疏離。

其實這都不是妳的錯，這是因為環境和家庭角色不同而產生的影響，如果不想婚姻變成這樣，那就要想辦法讓生活豐富一點，別忘了要保持學習新事物的興趣和習慣。

我有個朋友很早婚，大約二十歲就結婚了，是奉子成婚，婚後老公一直不是很安分，好不容易等到小孩大了點，最近才離婚，離婚後的她差很多，風姿綽約、自信優雅。

她把離婚後老公給的錢拿來開了家小店，開始有心思打理自己、開始擁有自己的生活圈，小孩也大了，因此她幫自己安排去上一些課程，讓自己學習新的東西，離婚後的她彷彿重生一般，當初那個在婆家受盡委屈、被老公嫌棄的女人，就像消失了一樣！她說：「離婚原來也有好的，女人真的要善待自己。」

女人無論何時，都要保持自信，如果婚姻真的不開心、老公外遇了，那麼停留在那裡的妳到底是為了什麼？不要為了外面世俗眼光而活，要知道，**面子是這個世界上最難放下的，卻又是最沒用的東西！**關鍵在自己的心裡怎麼想，而不是活在別人的眼光裡。離過婚又如何當一個活出自信光采的女人，照樣很搶手，誰還會管妳有沒有失婚？

issue 61

我才是那個要陪妳一輩子的人

結婚至今已經六年了，從手忙腳亂的新手爸媽，到現在和小小孩建立良好的互動關係，很多人都會問我：「老公婚前婚後有沒有改變？」我總是千篇一律的回答：「有！他變得更好了。」

老公婚前脾氣暴躁、容易不耐煩的個性，隨著小艾倫長大，居然次數銳減，即使面對哭鬧的小艾倫，仍舊可以好聲好氣的說：「你先去洗澡，等下爸爸再陪你玩鯓。」害媽媽在旁邊猛翻白眼，本來想要爸爸管教一下兒子，誰知道父子倆演起溫馨戲碼。

事後老公說，**他沒辦法對縮小版的另一個我發脾氣。**聽完後，我認為我應該要很滿足了，他確實很愛我！

從第一眼看見老公，心中就有股奇妙的熟悉感，我們可以一直聊天聊很久，好像話永遠都說不完。老公對我的感覺，直到現在還是像三年前一樣，只要我離開他的視線，他就會非常擔心，好像我是他的孩子一般。

結婚很容易，衝動公證就行了，婚後的相處才是重頭戲，兩人世界的節奏多少需要調整，幸好我們都一一克服了，沒想到真正的磨合期是從三人世界才開始。

有了老大小艾倫後，我重心都放在兒子身上，老公持續幾次表達不滿，最初還會想要捉弄兒子引起我注意，而他越捉弄我就越生氣，可是當我真正生氣時，他竟然也跟著惱羞成怒了。

老公說：「妳要為了他，對我發脾氣？」

我說：「你有毛病喔，他是你兒子耶。」

老公說：「沒錯，他是妳兒子，而我才是那個要陪伴妳一輩子的人。」

老公也太會說話了吧！一開始我還有點生氣，怎麼會有人跟自己兒子吃醋？但老公這句話讓我思索很久，沒錯，小孩子會長大，往後會有他自己的家庭和責任，真正能夠陪你走一輩子的人，是身邊的老伴。

不過幾次捉弄後，我發現情況越來越嚴重，於是當他想要引起我注意時，我就改變態度，選擇不生氣，並且心平氣和的對他說：「那小 Baby 就交給你囉～」

沒想到，當媽媽願意放手給爸爸顧的時候，情況逐漸好轉，因為爸爸也感受到孩子的可愛，本來產後世界都繞著小艾倫打轉的我，也恢復了老婆身分，懂得偶爾和老公撒嬌、說話，和婚前一樣會在睡前聊聊天。

這是很多新手爸媽會遇到的問題，產後媽媽把注意力都放小小孩身上，甚至長達十幾年，爸爸長期被忽略，自然和小孩、老婆感情疏離，**那些老公不是不想顧孩子，而是根本沒有機會和小孩培養感情**，當媽媽的總是認為別人顧不好，像有個朋友就是這樣，每次出來小聚就抱怨老公不幫忙，當我反問為何不讓老公試試看？她就說以前試過，但覺得老公笨手笨腳的，反而害她擔心小孩被弄傷。

其實，男人和妳身邊的小 Baby 一樣，都需要關心。夫妻相處久了難免會有小摩擦，當我們鬱悶時，潛意識裡會產生一種焦慮感，不論男女都會在腦海中浮現**「都是我的問題嗎？」**的疑惑，如果沒辦法立即解決這些情緒，我們會覺得自己孤立無援、憂鬱感倍增，如果又剛好遇不到願意聆聽的另一半，就會開始抱怨、碎唸，兩人的衝突就會日漸增加。

我們都忘了柔性處理比硬碰硬更有效果，柔性的態度會讓人軟化，硬碰硬的對抗只會讓衝突擴大。一個家最重要的就是愛與溝通，如果不想辦法解決，怎麼一起攜手走過未來的數十年呢？

經營婚姻千萬別忘了當初在一起的初衷，我和老公到現在仍會時不時回味曾經的甜蜜，因為夫妻才是彼此最重要的另一半，如果你有耐心應付孩子鬧脾氣，不妨偶爾也善待一下自己的老公或老婆，畢竟他（她）才是要陪你到老的人呢！

趨勢文化
出·版·有·限·公·司

LOVE MASTER 02

我們正相愛！

那些各種令人厭煩的小瞬間，最好別提起

作　　者 — **張辰瑜（筆名：薇薇Weiisly）**
總　　監 — Selena
主　　編 — 熊愛玲
責任主編 — 陳安儀
編輯協力 — Selena、李佳玲、陳安儀

出版發行 — 趨勢文化出版有限公司
新北市新莊區思源路 680 號 5 樓之一
電　　話 ◎ 8522-5822
傳　　真 ◎ 8521-1311

照片提供 — 張辰瑜
攝 影 師 — 黃彥文、蘇柏信、萊恩婚紗工作室 / 游仲豪
妝　　髮 — Hana Chen、陳昀霏
封面設計 — 初雨有限公司
封面插畫 — YUKI. 裕葵
內頁設計 — 季曉彤 Shana

初版一刷日期 — 2024 年 3 月 16 日
法律顧問－永然聯合法律事務所

讀者服務電話 ◎ 8522-5822 ＃ 66

ISBN 978-986-95269-5-1
Printed in Taiwan
本書定價◎ 330 元
WZA8032

國家圖書館出版品預行編目（CIP）資料

我們正相愛！那些各種令人厭煩的小瞬間，最好別提起/張辰瑜(薇薇Weiisly)著. -- 再版. -- 臺北市：趨勢文化出版有限公司，2024.03
面；　公分. -- (兩性諮商室；1)
ISBN 978-986-95269-5-1(平裝)

1.CST: 戀愛 2.CST: 兩性關係

544.37　　111021625

《原書名：女人的61道陷阱題》新裝改版